A Study on the Outpatient Coordination of Chinese Social Medical Insurance

社会医疗保险门诊统筹制度研究

陈曼莉 著

经济日报出版社

图书在版编目（CIP）数据

社会医疗保险门诊统筹制度研究 / 陈曼莉著. —北京：经济日报出版社，2020. 12

ISBN 978 -7 -5196 -0770 -8

Ⅰ. ①社… Ⅱ. ①陈… Ⅲ. ①医疗保险 - 保险制度 - 研究 - 中国 Ⅳ. ①F842. 684

中国版本图书馆 CIP 数据核字（2020）第 262407 号

社会医疗保险门诊统筹制度研究

作　　者	陈曼莉
责任编辑	黄芳芳
助理编辑	王孟一
责任校对	高　远
出版发行	经济日报出版社
地　　址	北京市西城区白纸坊东街 2 号 A 座综合楼 710（邮政编码：100054）
电　　话	010 - 63567684（总编室）
	010 - 63584556（财经编辑部）
	010 - 63567687（企业与企业家史编辑部）
	010 - 63567683（经济与管理学术编辑部）
	010 - 63538621　63567692（发行部）
网　　址	www. edpbook. com. cn
E - mail	edpbook@ 126. com
经　　销	全国新华书店
印　　刷	北京九州迅驰传媒文化有限公司
开　　本	710 × 1000 mm　1/16
印　　张	11. 75
字　　数	200 千字
版　　次	2021 年 7 月第 1 版
印　　次	2021 年 7 月第 1 次印刷
书　　号	ISBN 978 -7 -5196 -0770 -8
定　　价	52. 00 元

目　录
CONTENTS

第一章　导　论

1.1 研究背景与意义

1.1.1 研究背景

从1998年推行城镇职工基本医疗保险制度，开始了我国建立并完善基本医疗保险制度的历程。目前，城镇职工基本医疗保险、城乡居民基本医疗保险和新型农村合作医疗三种制度共同构成了我国的基本医疗保险制度，三种制度在我国形成了广泛覆盖，基本实现了“全民医保”。我国基本医疗保险制度建立初期，以“保大病”作为政策目标，重点是对参保人住院服务的保障。由于门诊服务发生的频次多、每次的费用金额低，被认为不会给参保人带来的严重的医疗费用风险，便没有将“保小病”、保门诊费用作为基本医疗保险制度的重点。城镇职工保险建立了个人账户保障门诊医疗费用，实行板块式管理的地区，统筹基金只用于支付住院医疗费用。医保经办部门原则上会监管参保人对个人账户的使用，实际上政策框架内使用的条件非常宽松，几乎不限制个人发生的门诊医疗费用。个人账户的金额与个人收入相关而不是与个人的疾病风险相关，出现了城镇职工门诊保障苦乐不均的情况，保障不足和保障过度并存，有的门诊费用负担重的参保人没有足够的个人账户费用，有的参保人个人账户结余多却没有什么医疗费用支出，也造成筹集的医疗保险费大量沉积，可见个人账户对门诊有一定的保障作用，但没有发挥医疗保险互助共济的基本功能，保障效率也不高。在后续建立城镇居民基本医疗保险和新型农村合作医疗制度中，有些地区出现过家庭账户的门诊保障形式，但并不为国家政策所鼓励，存在的时间比较短，没有成为主流。居民医保更多地在探索统筹基金支付门诊医疗费用的形式。

2009年，国家出文件鼓励有条件的地区开展城镇居民医保的门诊统筹工作，从低水平起步，逐步探索。并在全国选择了14个有基础的试点城市，各自进行当地的制度设计。门诊统筹给医疗保险经办机构提出了更高的管理要求，不宜在全国所有城镇地区制定同一种制度模式推广。而且门诊统筹会给统筹基金使用带来考验，参保人在有门诊报销的情况下，是否会产生道德损害，更多利用门诊服务，给统筹基金带来压力呢？这些问题都需要通过地方的探索来验证，再进一步地在全国推广。而且我国在基本医疗保险制度建设的二十年时间里，不断提高医保经办队伍的素质，提升经办的信息化建设，也有了一些世界范围内的制度性创新成果，医疗保险覆盖面大大增加，医疗保险筹资额不断提高，对医疗服务市场的管理能力增强。相比于制度刚建立的时期，有了开展难度更大的门诊保障的能力与实力。所以，分析和比较各地试行的不同模式，并确定其实施的背景条件和预期的政策目标，确定其适应性，对未来制度是否能够在全国顺利实施至关重要。这些在现阶段对现有的门诊统筹支付分析及预测十分重要。

1.1.2 研究意义

1.1.2.1 是提高我国基本医疗保险制度公平性的客观需要

我国基本医疗保险制度早期以住院服务补偿为主要政策取向，随着制度扩面完成，医保制度向管理深度方面发展，提高医疗保险基金的使用效率，一定需要对参保人的门诊进行保障，才能完整的覆盖参保人的医疗服务需求，才是完整的医疗保险制度。以往的个人账户模式，无法实现我国基本医疗保险制度追求的互助共济目标，从制度发展的角度看，统筹基金分担参保人的医疗风险能够更好地实现参保人互助共济，应该是完善制度的最优选择。

1.1.2.2 有利于提高我国基本医疗保险的精细化管理水平

我国基本医疗保险制度建立以来，覆盖人群不断增加，基本完成“扩大制度覆盖面”的任务，接下来需要优化制度实施的效果。医疗保险经办机构不能仅限于收支管理医疗保险基金，而是应该加强对医疗服务市场的管理，减少保险实施后的市场失灵现象，并主动发挥医保资金对卫生服务市场的调控作用。门诊统筹制度对医疗保险管理水平的要求较高，门诊服务发生的人群数量大、发生的频次高、管理的服务总量大，医保经办部门能够实时监控到参保人的门诊服务就需要强大的信息系统配合。制度的实施还需要医疗机构的配合，需要医保经办机构对医疗保险市场有较大的影响力，通过谈判协商的方式定点医疗机构签订协议，预先商定好门诊统筹中的权责利关系，才可能利用好门诊统筹基金。医保经办机构的门诊统筹的管理，是提升精细化管理水平的挑战同时也是机遇。

1.1.2.3 有利于我国卫生资源分配

我国卫生资源分配不合理，集中在城市的大医院，容易导致医疗费用支出高、医疗资源使用效率不高等问题。卫生资源布局不合理也是阻碍基本医疗保险制度发展的因素之一，卫生费用不合理会给医疗保险基金增加风险，医疗资源使用效率不高也会导致医疗保险基金的使用效率不高。加强医疗保险管理会引导卫生资源的合理调整，门诊统筹制度就能够大大干预卫生资源的分配。统筹基金支付门诊费用，一般是伴随着对门诊服务的限制与管理，大部分的限制与管理体现在约束参保人在基层医疗卫生机构就诊，限制不合理的门诊医疗需求，这些正符合卫生资源优化配置的方向，对整个医疗服务市场有深远的意义。

1.2 研究目的和内容

1.2.1 研究目的

本书以城镇职工基本医疗保险和城乡居民基本医疗保险的门诊统筹制度为主要研究对象，在分析基本医疗保险门诊保障制度及政策的基础上，整理我国各地方门诊统筹制度的制度设计与实施，特别是对典型地区的制度实施及发展演变进行深入分析，总结我国地方门诊统筹制度的经验以及实施的条件，为门诊统筹制度在全国顺利推广和实施提供建议。

1.2.2 研究内容

我国基本医疗保险的门诊统筹制度是本书的主要研究对象。基本医疗保险制度包括城乡居民基本医疗保险和城镇职工基本医疗保险，城乡居民基本医疗保险是整合了城镇居民基本医疗保险和新型农村合作医疗的制度，在对其门诊统筹制度的描述中，会涉及一些新型农村合作医疗方面的制度设计。具体的研究内容如下：

一是梳理我国基本医疗保险门诊保障的制度沿革与制度安排。我国的城镇职工基本医疗保险和城乡居民基本医疗保险在门诊保障方面是完全不同的政策路径。城镇职工医保先于城乡居民医保建立，先已经选择了个人账户作为门诊保障的主要实现方式，后开展了门诊大病保障，探索了门诊统筹。三种制度虽然从现在看来有些缺陷，但其依次出现和制度沿革与现实背景联系紧密，通过梳理可以明晰思路。城乡居民医保制度建立之后，也出现过几种门诊保障的形式，同样也需要通过制度沿革的梳理明确制度设计与实施的任务。

二是分析我国基本医疗保险门诊统筹的主要做法。我国地域广阔，地区差异显著，而门诊统筹制度是城镇职工保险和城乡居民保险在达到了一定保障程度、医疗保险管理有一定基础之后开展的新的门诊保障制度，为此我国在制度安排中更多给了地方留了余地，鼓励地方自主探索。这就使得我国的基本医疗保险的门诊统筹制度的地区差异很大。同时这些先行探索的地区经验又具有相当大的研究价值，对我国普遍推广该制度打下了基础。本书分别总结和比较了我国大部分地区的城镇职工医保和城镇居民医保门诊统筹的主要技术环节，整体上分析我国门诊统筹制度的建设情况。并与国际代表性国家的门诊保障制度关键环节相比较，

三是选择典型地区深入研究基本医疗保险门诊统筹的制度以及实施。门诊统筹有多个关键技术环节，我们选取了在一些技术环节上有特色的地区。例如荆门市是对医疗服务提供方的总额预付有特色，东莞市是门诊统筹的医疗服务管理有特色，天津市在对医疗服务提供方的人头支付方式有特色等。这些典型地区设计制度并在实施中不断调整，本身就是在实践中摸索如何开展适合本地的门诊统筹，深入分析其门诊统筹的发展经历，分析其实施情况，总结其经验，对我国从国家层面形成制度体系作出贡献。

四是对我国门诊统筹制度建立提出建议。我国政策文件鼓励各地探索实施门诊统筹，特别是有经验的地方先行试点，为形成全国性的政策提供经验。本书在对全国地方门诊统筹政策全面比较之后，又对典型特色的门诊统筹制度进行深入分析，并结合影响门诊统筹实施的基层医疗卫生机构建设情况，提出对我国门诊统筹的建议。

1.3 研究方法

1.3.1 文献研究法

从中国知网、万方、维普、SCI、Pubmed等数据库和相关政府部门网站查找学术文章、专题的研究报告、会议论文、政府文件和政府数据等，通过这些获取我国和典型发达国家在门诊保障的开展情况和研究情况。对收集的文献资料进行归纳和比较，分析我国门诊医疗保障实施的情况，总结国外门诊医疗保障和服务管理的经验和启示，为我国基本医疗保险的门诊保障制度的设计和实施提供理论依据和实践的参考。

1.3.2 案例研究法

我国门诊保障制度设计在国家政策的框架下，具体的制度由各地根据当地的经济状况和制度基础设计，各地的制度千差万别，需要对具体的地方制度进行分析，必须对地方门诊保障案例进行深入的研究。本研究选取了湖北省荆门市、上海市长宁区、广东省东莞市、山东省青岛市、广东省深圳市这几个分别代表我国门诊保障几种模式的典型地区，对当地进行医保制度沿革、门诊保障制度出现的背景、制度设计、制度实施效果和影响等深入分析。采取实地调研和关键人员访谈法，通过对不同模式的典型地区进行分析和比较，提出对我国门诊保障制度建立和发展的建议。

1.3.3 比较研究法

我国门诊保障由各地根据自身情况摸索，各地不同的门诊保障制度选择有不同的政策背景、有不同的实施效果。这些典型地区都是医保经办能力强、有探索和开拓能力的地区，应该及时总结他们探索的经验，进行比较和分析，为其他地区的制度选择提供经验和借鉴，为国家出台指导性的文件提供依据。为此，需要通过对各地的比较分析进行相关评价。在各地调研搜集资料和案例分析的基础上，比较并总结对其他地区实行门诊保障制度的建议，是本文的重要目标。

1.4 相关概念

我国的基本医疗保险制度由城镇职工基本医疗保险、城镇居民基本医疗保险和新型农村合作医疗三种制度共同构成，这三种制度分别有不同的参保对象，也有不同的筹资和支付政策。之所以会出现三种制度，是在推进全民医保的过程中，先后将不同的对象纳入基本医疗保险，从而出现对三种不同参保对象的制度。随着基本医疗保险的城乡整合，城镇居民基本医疗保险和新型农村合作医疗正在逐渐合并成为城乡居民基本医疗保险。每个制度又分别建立了对住院和对门诊的保障制度。门诊统筹是基本医疗保险制度实现门诊保障的一种形式。

门诊统筹是门诊医疗费用保障的一种形式，是指由具有互助共济功能的医疗保险统筹基金与参保人共同负担门诊费用，是我国社会医疗保险的独有概念。从国际经验看，国外的社会医疗保险制度只是在服务的覆盖范围上区分门诊和住院服务，住院保障和门诊保障都有提供，因此并没有单独的门诊保障制度。在后文中对我国“门诊统筹”的描述，可以看出是我国基本医疗保险制度不断发展，保障的覆盖范围逐渐延伸到门诊服务领域，与西方国家的医疗保障制度覆盖范围从狭窄到广泛的发展趋势是相同的。在我国的门诊保障发展过程中，有三种形式：个人账户、门诊大病统筹和门诊统筹，门诊统筹是我国门诊保障方式之一，也是三种制度里面出现最晚，能够在我国实现最广泛门诊保障覆盖的制度。

门诊大病统筹主要是由医疗保险经办机构根据当地的疾病谱，选择疾病经济负担较重的特定门诊病种，参保人申请特定门诊病种统筹基金支付，经办机构审批之后，参保人由于特定病种发生的在医疗保险范围内的费用按照政策由统筹基金和参保人分担，没有患门诊大病的参保人，即便其他疾病发生了较高的门诊费用，也不能由统筹基金分担。普通门诊统筹不设定病种，所有参保人只要在门诊费用上达到制度设定的统筹基金支付标准，就可以由统筹基金分担门诊费用，从而得到一定的费用保障。

个人账户也是门诊医疗费用保障的一种形式，在我国最先建立的城镇职工基本医疗保险制度中采用。在最初的城镇职工医保的制度设计中，将个人缴纳的保费和一部分单位缴纳的保费划拨到个人的名下，形成个人账户，用以支付该参保人发生的门诊费用，如果参保人的医疗需求不高，个人账户的钱不用于互助共济，而是沉淀下来，待该参保人门诊需求增大、门诊医疗费用增多时使用。可见，个人账户与门诊统筹完全是两种基金管理的财务平衡模式。个人账户追求基金的长期平衡，通过个人从年轻到年老的卫生服务需求变化趋势，鼓励先储蓄后消费，其基金平衡跨越个人的从参加工作到去世的整个生命周期。而门诊统筹追求基金的短期平衡，强调基金短期内的收支平衡，不需要有较多的资金沉积，注重参保人之间的互助共济。

医疗保险范围是指医疗保险承保的医疗服务项目，以及这些项目提供的数量、形式与限制等。我国医疗保险范围通过“三个目录”界定，即基本诊疗技术目录、基本医疗保险服务设施目录和基本医疗保险用药目录来体现。医疗机构提供超出三个目录范围的医疗服务，医疗保险基金不予支付，由被保险人自己承担项目费用。医疗保险范围在门诊保障制度分析里与门诊的保障待遇密切相关。

第二章　城镇职工保险建立门诊统筹的必要性

我国城镇职工基本医疗保险制度从建立之初就设置了门诊保障，通过个人账户的形式保障参保人的门诊医疗需求。大部分地区的统筹基金仅支付参保人的住院费用，统筹基金与门诊需求完全切割，实行板块式的管理模式。我国城镇职工基本医疗保险的门诊保障最初是设计通过个人筹资与支付长期平衡的完全积累制而实现的。本章梳理城镇职工基本医疗保险的门诊保障，分析目前个人账户的不足。虽然目前仍旧是以个人账户为主要的门诊保障方式，但有些统筹地区已经开展了城镇职工保险门诊统筹的探索。国家政策还没有对城镇职工的门诊保障进行制度改革，但综合目前个人账户在门诊方面的表现，我们认为有必要向门诊统筹方向转换。

2.1 建立城镇职工保险的背景

新中国成立后，我国在城市针对不同的保障人群建立了公费医疗制度和劳保医疗制度，为城市劳动人口提供医疗保障。随着改革开放的深入和经济发展，公费医疗和劳保医疗无法顺应时代的变化，缺陷明显，难以为继已经影响到我国经济体制改革的进展。

2.1.1 公费、劳保制度覆盖面窄，社会化程度低

公费、劳保医疗制度的实施主体是工作单位，实质上是单位保障，个人能享受到的保障与其单位人的身份紧密联系。医疗保障不是作为社会事务统一实施，而是作为单位福利的一部分。从管理上看，每个单位都需要管理本单位的医疗保障，管理资源重复配置。而且每个单位的保障待遇各不相同，保障不能随着个人流动而继续享有。公费医疗的对象是国家工作人员，劳保医疗的对象是全民所有制职工及其供养的直系亲属。改革开放后，在这两类机构中就职的劳动力比例越来越低，1991 年底，全国公费医疗、劳保医疗享受者仅 1.63 亿人，仅占当时人口数 11.43 亿的 14.26%，覆盖面太窄。大量的

劳动人口和城乡居民没有任何保障。

2.1.2 公费、劳保医疗缺乏合理的经费筹集机制和稳定的经费来源

公费医疗的经费来源于国家财政拨付，由各级卫生行政部门管理。劳保医疗的经费来源于本企业，按照职工工资总额的一定比例提取。公费医疗有财政拨付，经费来源稳定。而在经济体制改革中，大量的全民所有制企业经营状况不佳，企业收入无法保障，劳保医疗经费也无法保障，很多企业多年未给职工报销医药费用，九十年代大量国有企业破产转制，劳保制度难以为继，破产企业的职工也没有了任何保障。

2.1.3 在一定程度上促成不合理的医疗消费

尽管公费、劳保制度覆盖面窄，但保障程度高。两种制度保障的人群，全部或者大部分的医药费用都可以从公费、劳保制度中报销，个人几乎不负担医药费用。在制度设计中，也没有对个人的约束机制，公费、劳保制度浪费严重。据有关调查，不合理的医疗费用支出约占职工医疗费用的20%–30%[①]。职工医疗费用快速上涨，1997 年全国职工医疗费用为 773.7 亿元，比改革开放初期增长了 28 倍，年递增 19%。

2.1.4 影响企业在市场经济中的公平竞争

一方面妨碍市场经济中人才的自由流动。公费、劳保医疗本质是单位保障，在我国还没有建立起社会保险的情况下，一旦职工离开原单位，意味着将没有任何的保障。医疗保障制度客观上造成了人才流动的障碍，迫使人才留在原单位中，不利于创造市场机制需要的人力资源自由流动的条件，新兴企业在人才竞争中处于劣势。另一方面增加了国有企业的人力成本负担。由于是单位保障，企业不仅负担在职人员的工资和保障，还需要负担离退休人员的各种保障，人力成本负担重。但新兴企业没有老职工的负担，人力成本低。老企业由于包袱重，与新企业在市场竞争中处于劣势。

---

① 周绿林，李绍华. 医疗保险学（第 2 版）[M]. 北京：科学出版社，2015.

2.1.5 管理体制不健全，资源浪费严重

一是管理机构重复配置。公费、劳保制度的管理由各个单位负责，每个企业都要配置管理职工医保的人员，建立自己的医院或医务室，聘请医生、护士。从整个社会看，出现了医保的管理资源重复配置，由一个机构管理整个地区的医疗保险，管理效率会更高。二是筹集的医疗保障经费互助共济能力弱，基金资源浪费严重。在同一个地区，效益好的企业医保经费充足，效益差的企业医保经费短缺，企业职工的医保待遇苦乐不均，有些企业医保经费结余多，却不能在更大范围内互助共济，没有充分发挥其作用。

从以上几点可以看出，公费、劳保医疗制度已经成为市场经济发展的障碍，市场经济发展呼唤实行社会化的医疗保险制度，将劳动力从单位的桎梏中解放出来，能够在市场上自由流动、自由选择。我国城镇职工基本医疗保险应运而生，这是我国建立第一个的社会医疗保险制度。

2.2 城职保主要的中央政策安排

2.2.1 参保对象

城镇职工基本医疗保险制度对象是城镇所有用人单位及其职工，包括国有企业、集体企业、外商投资企业、私营企业和职工，以及机关、事业单位、社会团体、民办非企业单位及其职工；城镇个体经济组织业主及其从业人员也可以参加基本医疗保险。

2.2.2 筹资来源

城镇职工基本医疗保险保险费由用人单位和职工共同缴纳。缴费比例由各统筹地区具体制定，一般来说，用人单位缴费率应控制在职工工资总额的6% 左右，职工缴费率为本人工资收入的 2%。

2.2.3 个人账户与统筹账户相结合

城镇职工基本医疗保险基金由统筹基金和个人账户构成。职工个人缴纳的基本医疗保险费，全部计入个人账户。用人单位缴纳的基本医疗保险费分

为两部分，一部分用于建立统筹基金，一部分划入个人账户。划入个人账户的比例一般为用人单位缴费的30%左右。

统筹基金和个人账户在基金管理中分别核算，不能相互挤占，且有各自的支付范围。大部分统筹地区实行“板块式”，即统筹基金支付住院医疗费用，个人账户支付门诊医疗费用。

2.2.4 保障待遇

个人账户保障参保人门诊和小额医疗费用，并为职工未来年老体弱时积累部分资金。个人账户内的资金只能用于支付参保人员的医疗费用，不可以提现或挪用。职工门诊就诊时直接刷医保卡使用个人账户的资金，个人账户资金使用完之后则由个人自费负担门诊费用，未用完的个人账户资金积累到下一年可继续使用。个人账户可在所有医保定点机构支付医疗费用，对职工门诊服务管理非常宽松。

统筹基金保障参保人的住院医疗费用。统筹基金报销确定了起付标准和封顶线。按照文件要求，起付标准原则上控制在当地职工年平均工资的10%左右，最高支持限额原则上控制在当地职工年平均工资的4倍左右（2010年提高到6倍）。起付标准到最高支付限额以下的医疗费用，主要由统筹基金支付，个人负担一定的比例。统筹基金具体的起付标准、最高支付限额以及在起付标准以上和最高支付限额以下医疗费用的个人负担比例，由统筹地区根据以收定支、收支平衡的原则确定。

2.2.5 基金管理和医疗服务管理

由社会医疗保险经办机构负责基本医疗保险基金的筹集、管理和支付。劳动保障部会同卫生部、财政部等有关部门制定基本医疗服务的范围、标准和医药费用结算办法，在基本医疗保险药品目录、诊疗项目、医疗服务设施标准目录内的医疗服务才纳入报销范围。基本医疗保险实行定点医疗机构和定点药店管理。医疗保险部门也要积极推进医药卫生体制改革，以较少的经费投入，使人民群众得到良好的医疗服务。

2.3 城职保原有门诊保障模式的缺陷

2.3.1 “个人账户 + 门诊大病”的保障模式

2.3.1.1 个人账户用于门诊支付

中央文件并没有明确规定个人账户的支付范围，而是让地方具体确定如何使用个人账户，但规定了必须划清社会统筹和个人账户资金的支付范围，不得互相挤占。从各地的实践看，大部分地区遵照中央文件的规定，实行了“板块式”，住院由统筹基金保障，门诊由个人账户保障。在医疗保险政策允许内个人可以自由门诊就诊，用个人账户支付门诊费用。个人账户资金使用完之后则由个人自费负担门诊费用，未用完的个人账户资金积累到下一年可继续可用于支付门诊医疗费用。实行板块式统账结合的地区，医保经办机构对个人账户的管理要宽松一些，一般只要求医疗机构执行三个目录，有的地区甚至只要求个人账户要用于医疗消费，不必受医疗保险三个目录的限制。各地之所以少管或不管个人账户，主要是因为：一是避免与参保人发生矛盾，在个人账户名下的资金，个人已经当成是自己的财产，医疗保险经办机构进行监督、核查会引起个人的反感；二是因为个人账户在门诊使用，门诊治疗人次量大，需要医疗保险信息网络建设和维护的大量投入，门诊服务审核给医保经办机构会增加很多额外工作量。

2.3.1.2 门诊特病重病保障随后建立

“板块式”简化了医疗保险的操作和管理，但没有考虑到门诊疾病的复杂性。虽然门诊治疗的多是费用低的小病，但仍有一些费用较高的大病在门诊治疗，例如冠心病、再生障碍性贫血等慢性病，需要在门诊长期甚至终身治疗，虽然每次门诊费用不高，在一个年度内的累计门诊费用却非常高，远非个人账户资金可以保障，患者只能自付承担费用，造成门诊大病患者个人疾病负担重。门诊大病得不到保障至少存在两个方面的弊端：①门诊大病患者的个人经济负担过重，部分患者可能因为支付不起高额的门诊费用而放弃必要的治疗，对这部分患者来说是不公平的；②可能会导致“门诊挤住院”的问题，即门诊费用不能报销而住院即能够得到统筹基金的报销，为此选择总费用较高但个人实际自付较少的住院治疗是对个人的理性选择，这样实际上是降低了医疗保险基金的使用效率。

为解决个人账户无法承担门诊大病费用支付责任的问题，多数地区在不改变统账结合的医疗保险制度框架的情况下，逐步建立了门诊大病制度。

门诊大病是根据一定的选择条件和标准，将一些门诊疾病病种界定为门诊大病，并把这些门诊大病病种的门诊医疗费用直接纳入社会统筹基金的支付范围，而其他门诊疾病的门诊医疗费仍由个人账户支付。一般来说，各地主要依据费用因素、临床因素、社会影响因素和社会统筹基金承受能力等因素来确定纳入门诊大病的病种数量。由于对各个因素具体标准的把握尺度不同，对因素的轻重权衡和组合的不同，以及各地社会统筹基金的支撑能力大小不同，各地具体选择出来的门诊大病病种不完全相同，病种数量多少也差异较大。有些疾病在一个地方属于门诊大病，在另一个地方就不属于了。有的地方门诊大病高达 40–50 种，有的地方仅有 3–5 种。

经过制度修补，大部分地区的城职保形成了“个人账户 + 门诊大病”的门诊保障模式。

2.3.2“个人账户 + 门诊大病”模式的制度缺陷

2.3.2.1 个人账户缺乏互助共济、保障水平低

在大部分地区，统筹基金和个人账户实行“板块式”支付。统筹基金用于支付费用高、风险大的住院费用，个人账户用于支付费用低、风险小的门诊费用。个人账户不足支付的门诊或小病费用由个人自我承担。

由个人账户保障门诊的制度设计初衷是考虑到我国经济发展水平不高，用有限的医疗保险基金重点保障费用高、风险大的医疗费用，可见城职保的主要目的是保障职工的“大病”。而“大病”和“小病”没有明确的区分标准，也没有一个公认的费用标准，要在实际工作中具体区分十分困难，因此制度规定通过住院和门诊来简单分辨“大病”和“小病”，有利于实际操作。城职保根据门诊和住院区分“大病”和“小病”并实施与之配套的“板块式”支付方式，实际操作中简单易行，住院由统筹基金共同支付，基金不负责任何门诊支出，完全交给个人账户。而个人账户只能用于本人的门诊费用支付，

不具有互助共济的功能。这种制度设计事实上是将门诊大病排除出保险互助共济的范畴。

门诊虽然多是发生概率高、费用低的“小病”，同样也存在一些需要长期在门诊治疗、总费用较高的“大病”，例如门诊的尿毒症透析治疗、心脑大动脉血管疾病术后综合治疗等疾病。个人账户完全无力承担这些门诊大病的费用，超出个人账户的部分完全由个人自己负担，一定会出现保障水平不足的问题。在目前慢性疾病发病率越来越高的情况下，个人账户保门诊缺乏互助共济，且保障水平低的缺陷越来越明显。

2.3.2.2 门诊大病缺乏公平

作为统账结合模式的补充，大部分统筹地区采取了将门诊大病病种纳入统筹基金的支付范围，按病种对门诊大病进行互助共济。实施门诊大病病种保障是对“统账结合”制度的补充，仍旧贯彻城职保制度设计之初“保大病”的理念。各地选择大病病种保障一般根据三个方面的因素界定：一是医疗费用比较高的病种；二是治疗周期比较长，疾病程度比较严重的病种；三是统筹基金承受的能力因素。各个地方根据实际情况和各自认可的尺度考量，门诊大病界定中的地区差异很明显。不同地区的门诊大病数量差别很大，有的地方门诊大病病种高达 40–50 种，有的地方则仅有 3–5 种。门诊大病病种在各地的差异性也很大，不同地区纳入的病种各不相同。

门诊大病病种保障一般有较高的准入门槛，为每个病种制定了明确的准入标准。参保人需要主动申请，医保经办部门根据准入标准审核、认定参保人纳入门诊大病的资格，并发放证明。门诊大病患者必须选择固定的就诊医院才能报销门诊大病的医疗费用。医保经办机构还对门诊大病确定了严格可支付的药品、治疗项目的范围。医保基金对符合医保规定的门诊大病费用实施报销，通常会设较低的起付线或不设起付线，支付比例相对较高，而封顶线往往比住院的封顶线低很多。可见，各地对门诊大病保障比较谨慎，考虑到统筹基金的支付能力和医保经办机构的管理难度，医保部门乐于选择偿付管理难度低的门诊大病病种保障，便于管理纳入统筹基金支付的门诊医疗费用。

门诊大病病种保障纳入了一部分门诊大病人群进入统筹基金报销费用，

减少了他们的门诊费用负担，但对门诊医疗费用的保障作用有局限。首先，通过确定门诊大病病种，清晰划定了明确的病种范围以及据此纳入保障的人群，实际上将一部分费用较高但并不在病种范围内的参保人排除在外，不是普遍性的门诊保障，保障人群的范围较小。二是，一旦被纳入门诊大病病种，就能得到较好的保障，而没有被纳入的疾病患者得不到保障，两类人群之间存在不公平。三是，虽然门诊大病病种在医保实际操作中管理难度小，但前期确定门诊大病病种的过程、标准难度较大，病种确立的范围直接影响着门诊报销政策的公平性，对医保经办机构提出了较高的确定标准的要求，如果医保经办机构能力不够，将对社会门诊费用报销产生较大的不良影响。

2.3.3 “个人账户＋门诊大病”模式导致的问题

综上所述，大部分城职保统筹地区采取了门诊大病病种保障的方式来修补制度设计初期“板块式”的不足，但大病病种保障这种修补措施受到统筹基金收支平衡压力和医保经办机构管理能力的制约，既不能实现对门诊大病的普遍性保障，又可能出现病种差异导致的门诊费用保障的巨大不公平。这种保障不足的状况，不仅无法缓解参保人群的门诊高费用负担，还对医疗服务的提供产生不利影响。

2.3.3.1 参保人的门诊费用负担重

个人账户的思路是对门诊保障实行完全积累制，个人保障个人的风险，没有互助共济，足够支付一般人群的门诊费用。由于缺乏门诊医疗服务管理，个人过度使用的现象严重。以北京市为例，医疗保险启动初期，参保人员医疗费用构成中住院费用与门诊医疗费用比例是 75∶25，门诊医疗费用所占比重较小。现在，门诊医疗费用所占比重已接近 50%，增加了近一倍。[①]为此，国家在 2002 年发布了《关于加强城镇职工基本医疗保险个人账户管理的通知》。实行个人账户导致原本用于门诊保障的基金大量沉淀在个人账户中，沉淀资金多的参保人会过度使用，而门诊费用超出个人账户参保人的门诊负担过重，门诊基金沉积过多和保障不足并存。

---

① 林枫．门诊也该“统筹”［J］．中国社会保障，2008（7）：73.

2.3.3.2 导致住院率不合理增加

当参保者缺乏门诊保障，预计自费的门诊费用较高时，倾向于选择住院治疗本来可以在门诊治疗的疾病，以期获得统筹基金报销费用，以减低自己的自费费用。这种“门诊挤住院”的行为是参保人在门诊大病保障不足下的理性选择。参保人的这种选择，推高住院率不合理增长。将本不应该住院治疗的疾病，转入住院治疗，大大增加了治疗的总费用，造成医疗费用的浪费，增加了统筹基金的支付压力。

2010 年到 2014 年这四年间职工医保的住院人次年均增幅为 13% 左右，住院总费用增幅大概是 19%。人次和费用和住院总费用都呈现比较高的增长趋势，2014 年的住院率是 14.07%，一年一个百分点，据测算，职工医保每增加一个百分点医保基金支出多增加 200 个亿。另据统计，三级医院 2014 年比 2013 年的住院人次增加了 1.9%，二级和一级或者叫二级和基层医疗机构的住院率都出现了下降。[①]如此快速的住院增长率显然不是由人群患病率变化导致的，是我们的医疗体制出了问题，大量不该住院的患者选择了费用更高的住院治疗，浪费了医疗资源。

2.3.3.3 导致卫生资源向上集中

门诊大病病种保障之所以被大部分地区选择作为修补“统账结合”不足的保障制度，是因为门诊大病病种的管理难度的难度偏低。门诊就诊发生频次高，普遍性的门诊统筹管理的工作量大。实行门诊大病病种保障易于管理，从资格准入、定点就医到支付范围和标准都有一整套的管理规范，纳入病种的治疗方案容易统一规范，利于监督审核。从这个方面也反映出医保经办机构的管理目标，是保障基金的安全，减少经办机构的工作量，保障社会反映比较大的门诊高费用问题。在这种思路下，各地门诊大病病种保障的就医管理粗犷，患者只需要选择医保定点机构即可，大部分患者选择了大医院作为定点机构。医疗保险方只需要简单管理费用是否合理，按照管理规章给予报销。门诊大病病种保障很容易沦为简单的医疗保险基金偿付开药费用的制度，完全没法发挥医疗保险管理并引导卫生服务需求、调配卫生资源的作用。

---

① 佚名．人社部官员：近年我国住院人数总费用等呈增长趋势．中国财经首页网站，［2016-04-26］.http：//finance.china.com.cn/industry/medicine/yygc/20160426/3696221.shtml.

没有纳入门诊大病病种保障的患者，容易“门诊挤住院”，患者“小病大养”的情况增加；纳入门诊大病病种的患者，医保部门没有用心管理就医，患者最终都选择到大医院就诊或住院，反而导致卫生资源向上集中，增加了统筹基金的支付压力。

2.4 实行普通门诊统筹的必要性分析

在医疗保险领域，社会统筹是我国独有的概念。我国将筹集的医疗保险基金主要分配为个人账户和社会统筹部分用于支付参保人的医疗费用。社会统筹是指单位和个人筹集上来的医疗保险基金用于互助共济、统筹使用的部分；个人账户则是指分配到每个人账户之中的医疗保险基金，只能用于本人医疗费用的支出。这种制度设计与我国在职工社会医疗保险改革初期采用了社会统筹与个人账户相结合的制度设计相关，对我国的门诊保障产生了深远的影响。

我国的社会医疗保险制度最初的制度取向以“保大病”为主，在早期的观念里，简单将住院界定为“大病”，而门诊均是发生频次高、医疗费用不高的“小病”。统账结合的模式最初的实现方式是统筹基金管住院、个人账户管门诊。统筹基金对于住院费用的支付毋庸置疑，但对门诊医疗费用的支付经历了演变过程。

从“门诊统筹”字面意思上看，就是用统筹基金支付门诊费用，即通过统一筹集和使用基金、以互助共济的方式提供费用保障的一种门诊保障形式。但是在这种定义下，我国具体有两种门诊统筹的实践：一种是门诊大病统筹，这也是较早出现的门诊统筹，它是将一部分费用高的门诊疾病界定为门诊大病，纳入统筹基金支付费用；另一种是普通门诊统筹，即将门诊大病之外的所有普通门诊小病发生的费用纳入统筹基金支付费用。

这里所说的门诊统筹，是狭义的门诊统筹，单纯按照医疗费用的标准，不区分病种，在一定费用标准以上的医疗支出都纳入统筹报销。

我国社会医疗保险是逐步发展的过程，制度建立之初，保障的重点是住院医疗服务，随着制度的完善和精细化管理的需要，医疗保险制度逐渐向门诊保障扩展。门诊统筹是制度发展中的延伸，事实上是扩大保障范围、提升保障水平。从我国的社会医疗保险制度发展看，建立门诊统筹制度是有其必要性的。

2.4.1 完善医疗保险制度的需要

我国社会医疗保险制度建立之初的保障重点是“保大病”，这是符合保险的一般原理，基金保障风险小、费用高的医疗服务。但是社会医疗保险承担着大量的社会功能，参保人门诊负担重也影响到社会医疗保险的效果。从疾病的发生发展看，小病不治容易拖成大病，不保障小病的费用支出，最终容易拖延为大病费用支出。门诊保障低还容易造成住院增长，门诊与住院关系密切。因此，完整的社会医疗保险应该是既有大病和住院保险，也有门诊保险。

从国际经验看，大多数国家的医疗保险制度同时为门诊和住院提供费用保障。从很多国家的医疗保险制度发展历史看，起先只是提供住院保险，之后再延伸到门诊保险。以加拿大为例，1947 年才开始在萨斯喀彻温省建立医疗保险，只保障住院，1961 年开始各省逐渐建立门诊保险，直到 1972 年，加拿大才在全国范围内建立覆盖门诊和住院的医疗保险制度。因此，我国城职保应该建立门诊统筹化解门诊疾病风险问题，这也是完善我国社会保险制度的需要。

2.4.2 提高社会医疗保险制度公平性的需要

社会医疗保险制度通过个人账户保障门诊需求，实际上是根据个人收入不同确定了不同的保障水平，个人账户之间不存在互助共济，由于收入差距的不同导致了缴费不同，从而个人账户中累计金额不同，在没有其他使用限制的情况下，反而导致个人门诊保障水平的差异，加大了门诊保障的不公平。

实行门诊大病统筹也会造成一定程度的不公平。纳入统筹基金支付的门诊大病病种都很有限，大部分的门诊患者是得不到任何门诊保障的，覆盖面太窄。纳入大病病种的患者和未纳入大病病种的患者在门诊保障待遇上有悬崖式差别，未纳入的病种并不都意味着费用风险小，因此没有普遍的门诊保障是不公平的。

建立门诊统筹，实行普遍性的互助共济制度，以门诊费用作为保险制度的标准，缓解参保人的门诊医疗费用负担，有利于提高整个医疗保险制度的公平性。

2.4.3 减少不合理的门诊和住院费用的需要

个人账户秉着“个人筹资保个人”的理念，几乎没有限制和控制个人账户支付的门诊医疗服务，参保人自由就诊，自由选择，容易出现过度利用门诊服务的情况，导致医保基金的门诊不合理支出增加。没有门诊统筹，还容易导致个人门诊费用负担重的参保人选择住院治疗，对同一种疾病而言，住院服务的费用一定会高于门诊服务。实施门诊统筹，管理门诊医疗服务，有利于控制医疗保险基金的不合理支出。

另外，实施门诊统筹，门诊费用中统筹基金支付的比例大，医疗保险经办机构可以利用统筹使用的门诊医保基金团购医疗服务，凭借团购的优势和医疗管理，去管理监督医疗机构的服务行为，利于控制不合理费用的发生。

2.4.4 有利于控制整体医疗费用的上涨

社会医疗保险制度在门诊保障方面存在着缺陷，事实上也为医疗保险管理留下了隐患。由于个人账户方式几乎不对医疗机构的行为进行约束，个人账户在门诊的就诊量多且庞杂，医保对个人账户使用几乎不监管，从而使得门诊费用成为医疗机构躲避监管的一个出口。在医疗保险经办机构对住院监管越来越严格的情况下，医疗机构会选择将一些费用违规的以门诊费用的形式出现，违规转移费用。而实际情况是，门诊保障不足，大部分的门诊费用都是自付或者是个人账户支付，还可能造成因门诊得不到医保经办部门的监督、约束而造成不合理医疗的大量发生，进一步加重患者的负担。

2.4.5 改变卫生资源配置格局的需要

门诊统筹的实施，促使患者尽量选择门诊服务解决医疗问题，是卫生资源向下流动的非常有利的条件。基层医疗机构的定位主要是门诊服务，减少住院、增加门诊，给予基层医疗机构增加服务量的机会，正是引导了卫生资源向下配置，只要基层医疗机构提高服务质量，使得基层门诊服务量增加，有利于改变卫生资源“倒三角”配置的状况。

门诊统筹结合患者管理，例如有条件的地区更可以结合门诊统筹制度建立医疗服务守门人制度，做分级诊疗，更有利于进一步建立患者门诊服务与基层医疗机构的紧密联系，促进门诊服务下移，提高基层的服务量，促使卫生资源进一步向下配置。

2.5 实行普通门诊统筹的可行性分析

2.5.1 城乡居民医保积累了一定的门诊统筹实践探索经验

虽然城镇职工医疗保险最初是设计以个人账户的形式作为主要的门诊保障形式，但个人账户的弊端逐渐显现，政策文件的指向更多向门诊统筹方向倾斜。例如 2009 年 -2011 年印发的每年的国家医药卫生体制五项重点改革的工作安排中，门诊保障主要对门诊统筹作出了政策支持和指导。虽然城乡居民保险的制度建设时间远远晚于城镇职工保险，因为没有前续政策的影响，从制度建立之初就选择了实行门诊统筹而不是个人账户的形式，各地根据自身情况开展了门诊统筹的试点和探索。尽管城乡居民保险的筹资水平低，对门诊统筹特别是城市地区的门诊统筹整个制度建设进行了探索，在就医管理、医疗费用的补偿、对医疗机构的支付方式、医疗服务信息的管理、医疗保险与医疗机构的谈判与结算方面都有涉及，为城镇职工保险实行门诊统筹积累了丰富的医保管理经验，也增加了门诊统筹的社会认知度，相应地减少了城镇职工保险探索门诊统筹的难度。

2.5.2 医疗保险经办机构的经办能力在不断提高

城镇职工保险是我国第一个社会基本医疗保险制度，当时我国的社会医疗保险管理从零开始，经办管理的队伍人员不足、经验少，为此选择了个人账户管门诊、统筹基金管住院的板块式，可以大大减少经办工作量，确实是符合当初经办条件的选择。医保管理经过多年的发展，从最初的分担医疗费用功能向多元功能转换，不断在提高医保精细化管理的水平。现在医保不仅满足筹资和支付医疗费用，更希望通过管理提高医保基金的使用效率，医保信息系统的发展、经办队伍能力和水平的不断提高，为精细化管理提供了条件。门诊服务一直被认为发生频次高、单次费用低，用个人账户的形式减少医保经办的工作量，但现在对门诊服务的监控与管理已经能够通过信息化实现，也使得门诊统筹的管理成为可能。

2.5.3 城镇职工保险的筹资能力增强

城镇职工保险的筹资主要来源于城镇职工与所在单位按照职工工资的一定比例缴纳的保费。在这些年工资收入逐步增长的背景下，职工医保的筹资能力也在逐年增加。基本医疗保险覆盖面在扩大，基本医疗保险制度在卫生服务支付中所占的比例越来越大，对卫生服务市场的影响力也越来越大。积累了实行门诊统筹的经济基础，对医疗服务机构的控制能力更强，实行精细管理的门诊服务管理更有可能。

2.5.4 “强基层”提供了门诊保障的医疗服务基础

我国从 2009 年开始的“深化医药卫生体制改革”，其政策方向之一是“强基层”，加强基层卫生服务的建设，政府财政投入的方向也向基层卫生服务机构倾斜。我国城乡的基层卫生服务机构，通过这些年的建设，已经形成了布局合理、功能设施健全的基层卫生服务网点，也充分明确了服务定位。虽然基层卫生服务在服务能力方面还有所欠缺，但整体的硬件水平在提高，从业人员的素质也在提升，未来也一直会是卫生服务体系建设的重点。近几年加速推进的“基层首诊、双向转诊”与门诊统筹实施更为契合。这些“强基层”的措施都为门诊统筹提供了卫生服务的基础条件。

第三章　我国城镇职工保险门诊统筹探索

2011 年开始，中央政策要求各地探索城职保的门诊统筹。国务院办公厅《关于印发医药卫生体制五项重点改革 2011 年度主要工作安排的通知》(国办发〔2011〕8 号）提出，要扩大门诊统筹实施范围，普遍开展城镇居民医保、新农合门诊统筹，积极探索职工医保门诊统筹。为落实这一工作任务，人社部印发了《关于普遍开展城镇居民基本医疗保险门诊统筹有关问题的通知》(人社部发〔2011〕59 号)，进一步明确了门诊统筹的保障范围、支付政策、医疗服务管理等内容，并提出有条件的地区可以调整职工医保个人账户使用办法，探索职工门诊保障统筹共济办法。国发〔2012〕11 号《国务院关于印发“十二五”期间深化医药卫生体制改革规划暨实施方案的通知》则要求稳步推进职工医保门诊统筹。

按照文件的要求，各统筹地区积极探索职工门诊统筹。各统筹地区独立设计的普通门诊统筹方案，从制度设计的各个环节呈现出多样化的特点。报告收集了我国一些地区的城职保门诊统筹方案，对各地门诊统筹的实施方案做了梳理和归类。

3.1 门诊统筹基金来源

各地城职保门诊统筹基金均来源于单位和个人缴费，但各地筹资的具体方式存在较大差异，有以下五种。

3.1.1 全部来自职工医保的个人账户筹资部分

在不增加城职保的总筹资额度前提下，门诊统筹基金全部或按照一定的比例划拨自个人账户，建立门诊统筹基金。代表性做法和地区有：①完全通过削减个人账户划拨比例建立门诊统筹基金。例如，江苏省盐城市从个人账户中按个人缴费基数的 1% 划拨到门诊统筹基金。河北省秦皇岛市降低了各年龄段参保人员个人账户中单位缴纳保险费的划入比例，其中 35 岁以下由

2.7%调整为2.2%，36–45岁由3.2%调整为2.7%，46岁－法定退休年龄由3.7%调整为3.2%，退休人员由5.5%调整为5.0%，将减少的划入个人账户的单位缴费资金建立门诊统筹基金。②不调整个人账户的筹资比例，直接从个人账户中划拨经费构成门诊统筹基金。广东省广州市的做法是：在职职工及退休人员，分别以本年度本人基本医疗保险月缴费基数和上年度本市单位职工月平均工资为基数，每人每月1%的标准，从缴纳的基本医疗保险费（或过渡性基本医疗保险金）划入个人医疗账户资金中，再拨转给门诊统筹基金。

3.1.2 全部来自城职保的社会统筹基金

门诊统筹基金按照一定的比例或额度从社会统筹基金提取，建立门诊统筹基金：①按照缴费基数的一定比例提取门诊统筹基金。广东省茂名市按照基本医疗保险缴费基数的1%从社会统筹基金划拨，建立门诊统筹基金。②按固定金额标准提取门诊统筹基金，采取这种方式的地方较多。广东省江门市从职工医保统筹基金历年累计结余中按每人每月12元的标准逐月划入门诊统筹基金，参保人个人不需另行缴纳；山东省青岛市按照退休人员420元/年、在职职工260元/年的标准，从统筹基金划转；山东省淄博市按每人每年60元的标准，从统筹基金中划转等。

3.1.3 资金来源于个人账户和社会统筹基金

分别从个人账户和社会统筹基金提取，建立门诊统筹基金。代表城市有：①广东省珠海市：按照统筹基金每人每年50元、个人账户每人每年50元筹集门诊统筹基金；②广东省佛山市：城镇职工参加居民门诊基本医疗保险，缴费标准是，社会统筹基金支付60元/人/年，各区历年职工医保结余资金支付60元/人/年，仍不足部分可由个人账户划拨、个人缴纳或其他途径解决。③广东省韶关市：在职人员（含灵活就业人员）以本人月缴费工资为基数，按社会统筹基金的1%和个人缴费的25%划入门诊统筹基金；退休人员以上年度本市在岗职工月平均工资为基数，按2.3%的比例从社会统筹基金中划入门诊统筹基金；再由基本医疗保险统筹基金中按上年度本市职工月平均缴费工资的0.5%划转。④山东省济南市：普通门诊统筹所需资金由统筹基金和个人缴纳共同承担，其中个人部分，按照每人每月 10 元标准筹集。⑤江苏省泰州市：按每人每年 52 元、个人账户按每人每年 48 元计提形成门诊统筹费用。⑥辽宁省沈阳市：采取调整个人账户规模和统筹基金支付相结合的办法，以保证门诊统筹基金的筹集。⑦内蒙古自治区呼和浩特市：由基本医疗保险个人账户和社会统筹基金支付，参保人员不再另行缴纳参保费用。

3.1.4 单位和职工重新缴费建立门诊基本医疗保险

所筹集费用或者建立单一的门诊统筹基金，或者建立个人账户和门诊统筹基金，具体的做法有：①北京市：门诊医疗属于大额医疗费用互助制度的保障范畴。该制度的筹资标准是：用人单位按全部职工缴费工资基数之和的 1% 缴纳，职工和退休人员个人按每月 3 元缴纳。大额医疗费用互助资金在每月缴纳基本医疗保险费时一并缴纳。②上海市：门诊医疗属于附加基金的保障范畴。附加基金的筹资标准是：用人单位除缴纳职工基本医疗保险费外，按其缴费基数 2% 的比例缴纳地方附加医疗保险费。③广东省中山市：城镇职工参加门诊基本医疗保险的缴费标准是，以上年度全市职工月平均工资为缴费基数（缴费基数取整至百位数，十位和个位数下调为零），用人单位按缴费基数 0.2% 的比例缴纳，在职职工按缴费基数 0.2% 的比例缴纳，市、镇（区）两级财政各按缴费基数的 0.05% 对当月参保缴费的在职职工给予补贴，各方缴费共占缴费基数的 0.5%，所缴费用建立单一的门诊统筹基金。④广东省东莞市：取消东莞市职工基本医疗保险，建立面向职工和居民的社会医疗保险，其中，社区门诊统筹按职工月工资水平的 1% 进行缴费，其中单位缴 0.3%，个人缴 0.5%，财政补贴 0.2%，所缴费用建立单一的社区门诊统筹基金。⑤浙江省杭州市：门诊医疗筹资来源为用人单位和职工本人共同缴纳，其中用人单位以当月职工平均工资总额 2.5% 缴纳，职工本人以上年度月平均工资的 2% 缴纳，个人缴纳部分全部进入个人账户，单位缴纳部分按年龄确定不同的比例划入个人账户，剩余的建立门诊统筹基金，分为在职人员门诊统筹基金和退休人员门诊统筹基金。⑥浙江省温州市：门诊保险由职工个人账户和门诊统筹基金共同组成，筹资来源为用人单位和职工本人共同缴纳，其中用人单位以当月职工平均工资总额 3.5% 缴纳，职工本人以上年度月平均工资的

2% 缴纳，职工本人缴纳全部进入个人账户，单位缴纳的费用以不同的职工年龄段按比例划入个人账户后，余下资金建立门诊统筹基金。⑦浙江省湖州市：用人单位以上月本单位全部职工工资总额为基数，按 2% 的比例按月缴纳门诊医疗保险费。在职职工以上年度市区在岗职工月平均工资为基数，按 1% 的比例按月缴纳门诊医疗保险费，由用人单位在其工资中代扣代缴。在职职工和灵活就业人员按各自缴费基数的 1% 按月划入其门诊医疗个人账户；退休人员按每人每月 35 元的标准划入其门诊医疗个人账户，剩余部分建立门诊统筹基金。⑧浙江省衢州市：门诊统筹基金实行社会统筹，单独建账，基金由以下部分组成：用人单位和参保人员共同缴纳的门诊统筹费（用人单位按缴费基数的 0.5% 缴纳门诊统筹费，职工个人按缴费基数的 1% 缴纳门诊统筹费）；政府对相关人员的补贴（各级政府按行政区划内无管理主体企事业单位退休人员年度缴费基数之和的 1.5% 予以补贴）；门诊统筹基金的利息等增值收益；门诊统筹费滞纳金；其他收入。

3.1.5 不单独筹资，与住院基金合并管理

前面所列的四种类型，虽然资金来源的渠道各不相同，均采取专门建立门诊统筹基金的方式，与住院基金分开管理。大部分地区采取了专门建立统筹基金单独列账管理的模式。

少数统筹地区不单独筹资，与住院统筹基金合并管理。相关实践地区有：广东省汕头市、惠州市、潮州市，浙江省绍兴市、金华市、台州市，江苏省南京市、无锡市、徐州市、常州市、苏州市、南通市、连云港市、镇江市，福建省厦门市，河北省石家庄市、湖北省荆门市。这些合并管理的统筹地区多设置了门诊待遇封顶线，以控制门诊统筹基金使用的额度。

3.2 门诊统筹的待遇支付不同

国家人社部门的文件中，没有硬性规定门诊统筹开展的形式，只对门诊统筹的保障范围作了总体指示。本报告根据门诊统筹的待遇支付的起付标准不同，分为低起付线门诊统筹和高起付线用门诊统筹。

3.2.1 普通门诊统筹：低起付线低封顶线

3.2.1.1 起付标准低或不设起付标准

普通门诊统筹主要是为了保障参保人群在门诊发生的普遍性的支出。这种模式一般都设计较低的起付线或不设置起付线，超过起付线的门诊费用按照比例报销，并设定了门诊报销的封顶线。我国很多统筹地区采取了普通门诊统筹的模式。

3.2.1.2 报销比例较高

普通门诊统筹的报销比例会依据医疗服务提供机构不同而有所不同。有的地区会要求参保人在选定的定点基层医疗机构就诊，报销比例会较高。例如广东省东莞市要求参保人必须在定点基层医疗机构就诊，统筹基金报销70%，如在定点机构之外就诊，统筹基金完全不予报销。有的地区不要求限定门诊统筹定点机构，会拉开不同级别机构的报销比例，例如，浙江省湖州市参保人在市区二级、三级定点医疗机构就医和在定点药店购药的，医保统筹基金支付 50%；在市区一级定点医疗机构或社区卫生服务站就医的，医保统筹基金支付 60%。

3.2.1.3 封顶线普遍较低

由于我国大部分地区对城职保门诊统筹的服务管理不严格，要求基层首诊的地区很少。为了基金安全，普通门诊统筹制度都设定了较低的门诊统筹封顶线。例如广东省江门市城职保普通门诊统筹没有设起付线，在基层医疗机构就诊发生符合门诊统筹范围内的医疗费用，统筹基金报销 70%，报销限额为 50 元 / 月；在非基层医疗机构就诊发生符合门诊统筹范围内的医疗费用，统筹基金报销 50%，报销限额为 40 元 / 月；当月累计未达到最高支付限额，可结转下月使用，当年累计未达到最高支付限额，不能结转下年度使用。

低起付线或无起付线的制度设计，几乎可以让参保者人人享有普通门诊保障，大大扩大了制度的受益面。门诊统筹中需要个人自付的部分，可以由职工的个人账户支付，参保人几乎不用承担自付费用，保障程度高。为了基金安全，经办机构往往设立较低的封顶线。普通门诊统筹扩大了门诊保障受益面，费用补偿发生频次高，对经办机构的管理提出了较高的要求。由于有封顶限制，仍旧无法保障大额门诊费用。为此，实行普通门诊统筹的地区，总是同时实施门诊大病病种保障制度，以保障患特定病种的参保人在门诊的大额医疗费用。

3.2.2 大病门诊统筹：高起付线高封顶线

大额门诊统筹与普通门诊统筹的区别是起付线设定较高，主要是考虑了职工已有个人账户支付门诊费用，主要的负担集中超出个人账户支付能力的高额门诊费用，因此重点保障大额门诊费用。大额门诊统筹的制度延续了“统账结合”的设计思路。具体来看其待遇支付的特点是高起付线、高报销比例、高封顶线。

门诊大病保障在统筹地区建立较早，当时主要是补充个人账户保障不了门诊高额费用的不足。由于大额门诊统筹是报销所有超过起付标准以上的门诊费用，包括小额门诊费用都可以在统筹基金报销，涉及的人群数量大，费用发生的频次高，基金管理和控制费用的难度大。为了保证基金的安全，大部分地区都设置了封顶线，只能做到有限保障，便于控制统筹基金的支出，不能完全满足门诊大病病种患者的保障要求。因此，大额门诊统筹封顶线不高的地区，都同时保留了门诊大病病种保障，形成三个层次的保障制度。个人账户保门诊小病，门诊大病病种保障保门诊大病、重病，大额门诊统筹保中间层次。按照三种保障制度之间的关系，分为几种具体做法。

3.2.2.1 大额门诊统筹起付线与本人个人账户使用相关

例如江苏省无锡市门诊统筹政策是，城职保参保人员个人账户用完后在市区个人约定的社区卫生服务中心（站）（急症除外），或经其批准转至其他定点医疗机构就医发生的门诊医疗费用。其费用符合职工基本医疗保险规定的，在职和退休（职）人员统筹基金支付比例分别为 70% 和 85%，年最高支付限额分别为 3500 元和 4500 元，同时保留门诊特殊病种医疗保险。

江苏省镇江市的个人账户使用和统筹基金报销更有特点。镇江市参保人员的个人账户每年年初给一次性划入全年额度。个人账户分设一级账户和二级账户，二级账户为上年度积累额超过3000元以上的部分，其余为一级账户。大额门诊统筹的起付标准，在职职工为本人年缴费工资总额的 10%，退休人员为本人上年度退休金总额的5%。参保人员发生的门诊医疗费用，先从个人一级账户支付，一级账户用完后，个人完全自付门诊费用到大额门诊统筹的起付标准，超过起付标准以上的费用，由社会统筹基金和个人按比例共同支付，并采取不同等级定点医疗机构不同负担比例的办法。即在三级医院就诊的，社会统筹基金支付60%，个人支付40%；在二级医院就诊的，社会统筹基金支付70%，个人支付30%；在一级医院及除定点社区卫生服务机构外的其他定点医疗机构就诊的，社会统筹基金支付75%，个人支付25%；在定点社区卫生服务机构就诊的，社会统筹基金支付85%，个人支付15%。二级账户，即历年个人账户的结余，可用于支付自负的费用。

金华市同时实行特殊病门诊保障、慢性病门诊保障和普通门诊保障。普通门诊保障是大额门诊统筹制度，城镇职工个人账户当年资金使用完之后，在社区卫生服务中心就医，报销35%医疗费用；在二级（含）以上医疗机构就医，报销20%的费用，由历年统筹基金列支。在一个医疗保险年度内，由统筹基金和个人按比例承担的最高限额为1500元。特殊病门诊和慢性病门诊是大病病种保障，符合范围内的规定病种，特殊病门诊费用超过1000元起付标准以上的部分，按照当地的住院待遇执行；慢性病由统筹基金按照80%报销，一个医疗保险年度内，由统筹基金和个人按比例承担的最高限额为3000元。通过比较明显可见，金华市普通门诊保障的待遇远不能满足门诊大病病种的费用保障要求，对于患门诊特殊病种的人群采用报销待遇更高的大病病种保障制度。

3.2.2.2 大额门诊统筹起付线与本人个人账户使用无关

有些统筹地区设置大额门诊统筹起付线时，仅设定门诊费用标准，不与本人个人账户是否用完挂钩。表现出来的是，所有的人都有同样的起付标准，而与个人账户使用挂钩则每个人有不同的起付标准，与每年度个人账户的筹资额度密切相关，一般来说收入越高的人群有更高的门诊费用起付标准。河北省石家庄市是实行绝对金额起付标准的地区之一。

河北省石家庄市普通病种门诊医疗费的起付标准，按所就医医疗机构级别划分，其数额分别为：一级及以下医疗机构700元；二级医疗机构900元；市属三级医疗机构1000元；三级医疗机构1300元。起付标准以上至年度支付限额由基本医保统筹基金支付比例，按所就医医疗机构级别划分，其标准分别为：一级及以下医疗机构90%；二级医疗机构85%；三级医疗机构80%。基本医保统筹基金支付普通病种门诊医疗费的年度限额在职职工为1500元，退休人员为2500元。同时，还保留了对医保机构认定的患特殊病和慢性病的参保人的大病病种保障。对恶性肿瘤放化疗、白血病、重性精神病、终末期肾病按照县级标准扣除起付线，按80%比例报销，封顶线与住院标准捆绑执行。其他特殊病种大额门诊补偿不设起付线，报销比为60%，封顶线为2000元；再生障碍性贫血、器官移植使用抗排斥免疫调节剂的封顶线为3万元。

3.3 门诊就医管理和费用结算方式不同

门诊统筹制度设计里，难度最大的是对医疗服务的管理。门诊服务覆盖人群广、发生频次高，难以管理和监管。各地在设计门诊统筹制度时，考虑到难以控制门诊费用，均对门诊服务的需方和供方设置了一些管理措施，以保证门诊统筹基金用于合理的门诊需求，控制统筹基金报销的门诊费用。门诊的就医管理和对医疗机构的费用结算成为门诊统筹制度设计中的重要一环，一方面能够限制门诊统筹基金的不合理利用，另一方面可以起到引导医疗服务合理消费的目的。

各统筹地区对门诊就医管理的程度不一，从门诊就医管理宽松到管理严格区分，可以将门诊就医管理和费用结算分为以下几种类型：

3.3.1 按项目付费，医保机构考核医疗机构

这种做法的主要特点是对医疗机构的管理采取按项目付费，医保机构考核费用，主要的费用控制手段是对需方的门诊就诊设置报销比例和封顶线。按照其对居民就诊的管理可以分为两种选定就诊机构和不限定就诊机构两种。

3.3.1.1 不限定就诊机构

这种门诊统筹方式的门诊就医管理相对最宽松，特点是允许患者自由选择门诊就诊的医疗机构，统筹基金对发生的门诊费用按项目付费结算给医疗机构，医保机构对医疗机构的医疗行为进行综合评估和监督。浙江省温州市的门诊统筹正是这种模式。

温州市门诊统筹规定参保人员个人账户当年资金支付完毕后，门诊统筹基金起付标准为：在职人员 800 元，退休人员 600 元。门诊医疗费在起付标准以上至最高限额 4000 元（含）以下的部分，按照就诊医疗机构级别参保人员在三级及相应医疗机构就医的，门诊统筹基金支付 50%，个人自负 50%；在二级及相应医疗机构就医或者在急救车内抢救的，门诊统筹基金支付 60%，个人自负 40%；在一级及相应医疗机构、零售药店就医购药的，门诊统筹基金支付 70%，个人自负 30%；在社区卫生服务机构就医的，门诊统筹基金支付 80%，个人自负 20%。超过最高限额 4000 元的门诊医疗费用，门诊统筹基金不予支付。对门诊发生的费用，仍旧实行按项目付费，医保机构会对医疗机构的医疗行为进行监督，并采取相应的引导患者到医疗行为规范的机构就诊。具体是医保机构对定点医疗机构、零售药店实施信用评级。定点医疗机构、零售药店被评定为 AAA 级的，门诊统筹基金支付比例在原档次上浮 10%，但最高不得超过 80%；评定为 A 级的，门诊统筹基金支付比例在原档次下浮 10%，但最低不得低于 50%；拒不参加信用等级评定或者信用等级评定不合格的，暂停或者取消定点资格。通过医院评级提示和吸引参保人到治疗规范的医院就诊，便是对医疗机构的监管。①

温州的制度规定让我们看到了当地门诊统筹制度的宽松管理，三级医院门诊服务同样可以进入门诊统筹，医院计费的方式也是后付制，在统筹基金可以报销门诊费用的前提下，这大大增加了门诊医疗费用上涨的可能性。为此，这种管理和计算方式必须设置封顶线，以控制门诊统筹基金的支出。

采取这种模式的地区也有一些，例如苏州市、连云港市、绍兴市等，都是实行这种模式。

3.3.1.2 限定就诊机构

有些统筹地区尽管也采取按项目付费，对医疗机构的费用约束不大，但限定了患者就诊的医疗机构，以广州市为例，通过要求参保人签订就诊的医疗机构，管理了就诊行为，能有一定的控制费用的作用。

广州市要求参保职工必须选择市内的 2 家医保定点医疗机构作为本人普

① 温州市人民政府 . 温州市人民政府关于修改《温州市城镇医疗保险办法》等 4 件规范性文件的决定，2012-2.

通门诊统筹就医定点医疗机构，其中 1 家为社区卫生服务机构或指定的基层医疗机构（简称“小点”），1 家为其他医疗机构（简称“大点”）。在“小点”就医的，统筹基金支付比例为 80%；在“大点”就医的，统筹基金支付比例分为两种情况：①经“小点”转诊后 30 日内在“大点”或指定专科医疗机构就医的，统筹基金支付比例为 55%；②未经“小点”转诊二道“大点”或指定专科医疗机构就医的，统筹基金的支付比例为 45%。统筹基金每月最高支付限额为 300 元。每月最高支付限额当月有效，不滚存、不累计。如果没有在所选的 2 家医疗机构就诊，则不能享受普通门诊统筹的待遇。[①] 统筹基金对医疗机构采取按服务项目付费，在结算的时候按照“年人均限额”“人员限额累计”等方式结算。广州市人保局对医疗机构按照评级标准分为 AAA、AA、A 三级，医院评定的级别越高，统筹基金按月预付给医疗机构的周转金比例越高，以促进医疗机构提高服务质量。[②] 这种定点就诊的形式加大了对医疗服务的管理力度，通过加大对需方就诊管理规范就诊行为。

无论是否限制就诊的医疗机构，这种模式对医疗服务提供方采取的直接费用手段较少，主要通过报销封顶线来控制单个参保者的费用上限从而控制基金的费用风险。采取这种形式的统筹地区具有一些共同的特点：①这些地方的门诊统筹制度通常会设置一个较高的门诊起付标准和一个不是太高的封顶线，例如苏州市是在职职工当年个人账户用完后再自付 600 元进入起付线，2500 元封顶；绍兴市统筹基金的起付标准是 400 元，4000 元封顶。②同时有特殊病种保障和慢性病保障存在。出于对统筹基金风险的控制，必须控制门诊统筹的保障水平，但这种保障水平对于特殊的门诊大病人群却远远不够，只能再设置制度补充其保障水平的不足。③这种模式的保障理念是保障大部分中段的门诊费用。小额费用由个人账户保障，特殊人群的大额费用由门诊病种保障实现，中间的这一部分由门诊统筹保障。可能考虑到这部分门诊需求的多样性，并没有限制在基层医疗机构，但三级医院的门诊也可以进入统筹基金报销值得商榷。尽管有封顶线设置，统筹基金在三级医院支付的风险有所控制，但纳入三级医院门诊会削弱统筹基金的使用效能，影响门诊统筹

---

① 广州市人社局 . 广州市职工社会医疗保险统筹基金支付普通门诊医疗费用范围及标准，2015-01.

② 广州市人社局 . 广州市社会医疗保险医疗费用结算办法，2014-08.

发挥引导医疗消费的功能。

3.3.2 选择定点社区或专科医院就诊，实行总额控制

这种模式的特点是参保人可任选医保定点医疗机构门诊就诊，医疗保险统筹基金对医疗保险提供方设置年度总额预算，控制支付的总额，并对医疗机构的服务质量进行评估管理。厦门市是这种就医管理方式的代表城市。

厦门市参保人自由选择定点医疗机构、定点零售药店门诊就诊，门诊统筹基金在于医疗服务提供机构结算费用的时候，有几种总额控制的结算方式：①对城市医院，厦门市医保统筹基金根据当年度的门诊医疗费支付比例、药品和医疗服务价格指数、定点医疗机构级别、业务发展情况、医疗质量、服务人群以及前三年门诊医疗费发生额等因素，确定各定点医疗机构新的社保年度门诊医疗费用总额控制指标。新确定的定点医疗机构，根据同级别上年度门诊人均医保费用确定其门诊医疗费总额控制指标。充分考虑公立基层医疗卫生机构实施分级诊疗、家庭医生签约等工作，合理科学确定公立基层医疗卫生机构门诊医疗费总额控制指标。②卫生院、社区卫生服务中心下辖的村卫生所根据该村参保人数、人均医保结算标准确定各村卫生所门诊医疗费总额控制额度，同一卫生院、社区卫生服务中心下辖的各村卫生所额度可调剂使用，不计入主管卫生院、社区卫生服务中心的门诊医疗费总额控制指标。这种总额结算方式，更多用于城乡居民基本医疗保险。③当年度门诊医疗费经市社会保险管理中心审核后，超出总额控制指标、符合医保基金支付范围并超医疗服务总量的定点医疗机构，原则上按60%的比例偿付；门诊医疗费低于或等于总额控制指标，且未发生推诿病人、分解处方等违规行为的定点医疗机构按实际发生额支付。①

这种医疗保险医疗费用结算方式从医疗服务提供方进行了费用控制，控费力度大于纯粹控制需方报销比例和封顶线的上一种方式，总额预算给予了医疗服务提供方主动控制参保人门诊就诊费用的经济刺激。国内很多城市，如珠海市、台州市、潍坊市、上海市对医疗机构实行门诊统筹总额预算，统

---

① 厦门市社保局．厦门市基本医疗保险定点医疗机构住院医疗费用结算管理暂行办法，2016–09.

筹基金根据往年各医疗机构的费用确定年度医疗机构的门诊费用总额预算，结算时根据质量考核、总额控制情况给予结算。

总额控制虽然限制了费用总额，但仍具有一定的缺陷。①总额控制的基础数据是来自以往的门诊费用，统筹基金已经认可其以往费用中不合理的部分，门诊费用的基数较大，而且会逐年上涨，仍旧会对统筹基金造成较大的压力。②总额控制是建立在按服务项目付费基础上的，改变医生医疗行为的作用有限，需要医疗保险经办机构设置考核服务质量的细则以规范行为。③门诊费用发生频次高、病种分布广泛、单次费用差异大，且缺乏病人固定医疗机构就诊的管理，制定合理总额的难度大，病人流动大，也很难对服务的质量和服务费用进行考核。

3.3.3 签约医疗机构，包干付费结算

这种类型的管理模式要求参保人选择 1–2 家机构作为定点机构，在定点就诊机构之外发生的门诊费用不纳入门诊统筹的范畴。医疗保险经办机构参照签订的就诊人数与医疗服务机构结算费用。

3.3.3.1 按人头付费

以惠州市为例，参保职工选择一家基层卫生服务机构或二级、三级定点医疗机构，作为本人的首诊机构。参保人在门诊定点机构发生的门诊政策内的医疗费用，医保基金支付标准为：每人每年的累计支付限额为 1000 元；在本市行政区域内基层卫生服务机构、二级、三级定点医疗机构就医的，单次门诊费用医保基金支付比例分别为 80%、60%、55%；经门诊定点机构转诊（含急诊）到本市行政区域内其他定点医疗机构就诊的门诊费用，支付比例分别减少 10 个百分点；每次支付限额为 140 元以下。参保人经本人选定的门诊定点机构转诊（含急诊）到本市行政区域内其他定点医疗机构门诊发生的医疗费用先由个人垫付后，持有效票据到选定的门诊定点机构按规定报销。[①]统筹基金对门诊包干经费实行总额控制、按人头付费。职工医保门诊包干费用按医疗等级划分，一级医院每人每年 300 元（每月 25 元），二级医院每人每

---

① 惠州市人民政府．关于印发《惠州市社会基本医疗保险办法》的通知，2015–11.

年180元（每月15元），三级医院每人每年156元（每月13元）。年度清算时，参保人年度内在居民医保与职工医保之间转换的，其居民医保或职工医保门诊统筹包干经费分别计算。门诊医疗费用按门诊定点机构登记管理的参保人数和门诊包干标准，实行年度总额包干结算，超支不补。[①]

中山市、江门市、无锡市、济南市、青岛市也实行这种费用结算方式。这种结算方式的共同特点是：①参保人原则上签订基层医疗机构定点就诊。尽管惠州市允许城职保参保人选取三级医疗机构，主要是由于城职保职工曾经可以自由选择医疗机构就诊，个人账户报销，门诊待遇很高，难以突然降低待遇。但要求居民参保人只能选择基层医疗机构定点就诊。说明制度设计的目的是希望限定参保人基层首诊。②鼓励定点机构管理参保人健康。通过确定定点医疗机构，形成了参保人与医疗机构的固定关系，便于对参保人进行健康管理。例如，《惠州市社会基本医疗保险办法》对定点医疗机构管理的内容中，要求各基层定点医疗机构应按要求为参保人建立健康档案，为参保人提供门诊基本医疗服务和健康指导。③对医疗机构打包付费，促进其控制医疗费用。医疗保险经办机构按照签约人数或总额与医疗机构结算费用，实行预付制，将控制费用的压力转移给医疗机构，促进其主动控制费用。

3.3.3.2 按人头限额付费

青岛市城职保门诊统筹对社区定点医疗机构实行限额包干管理，对社区医疗机构按月结算拨付，月度间可调剂，年内平衡。对单个社区医疗机构的支付总额控制额度的计算采取定点人数与包干费用相乘的方式获取，不同人群的包干费用不同，其中在职职工为260元每年，退休职工为420元每年。年度结束后，超支不补，结余不转。城镇基本医疗保险门诊统筹金限额包干标准含一般诊疗费。

看起来像按人头付费，实际是按项目付费，确定每个人的支付限额，当项目总费用超过个人限额时，不再补充；当项目总费用没有达到个人限额时，按照实际的项目费用支付。

---

① 惠州医疗保险.2015年惠州医保门诊统筹新政策说明［EB/OL］.http：//huizhou.chashebao.com/yiliao/13367.html.

3.3.3.3 不按人数的总额预算

荆门市医保经办机构对门诊统筹就采取单纯的总额预算。原因是荆门市不实行签约就诊，无法统计人数。但荆门市医保机构在思维上跳过了人头包干，考虑到主要通过门诊统筹降低住院率，与门诊定点机构进反复谈判，从机构的原有的总额预算中划拨出一部分作为该医院门诊统筹的总额。这个总额包含在当年住院医疗费用统筹基金预算支出定额内，定点医疗机构可调剂使用，在充分满足参保人员门诊医疗需求的前提下，超支不补，结余奖励，引导医疗机构自我加强管理，主动控制费用。例如，2014 年市康复医院从市本级基金分得的年住院定额 500 万元，基金不再单独划拨门诊定额，而是直接从住院定额分解 50 万元作为门诊统筹定额总量。2015 年进一步细化了对医疗机构门诊总额控制的结算规则。门诊统筹基金年度预付总额，从当年住院统筹基金年度预付总额中按照 5%–30% 划拨。定点医疗机构当年门诊统筹费用支出超过其年度定额时，可从住院统筹基金年度定额结余中支付；当年门诊统筹年度定额有结余时，不能用于支付住院统筹费用。

荆门市通过从原有的住院总额预算中划拨出门诊统筹总额预算，严控将门诊预算转入住院，主要是为了实现通过实施门诊统筹降低住院率的目的，让医院自发控制住院费用，主动将病人从住院转门诊。

第四章　城乡居民保险的门诊保障制度

我国城职保已有个人账户的制度设计，其门诊统筹的历史晚于城镇居民基本医疗保险（以下简称“城居保”），从2007年开始逐步建立城居保的门诊统筹制度。《国务院关于开展城镇居民基本医疗保险试点的指导意见》（国发〔2007〕20号）提出“有条件的地区可以逐步试行门诊医疗费用统筹”。2009年7月，人社部、财政部、卫生部联合下发了《关于开展城镇居民基本医疗保险门诊统筹的指导意见》（人社部发〔2009〕66号），明确了门诊统筹的基本原则、筹资政策、支付政策、付费办法和服务管理等内容，初步建立了门诊统筹政策框架。

4.1 新农合曾经实施门诊家庭账户

我国2003年开始在全国范围内建立新型农村合作医疗制度，是我国历史上第一次有政府财政补贴、具备医疗保险性质的医疗保障制度。新农合以保大病为主，重点分担农村居民的重病大病风险、兼顾公平。在制度建立之初，由于农村居民对制度的不了解和保险意识淡薄，为了增加广大农村居民参加新农合的积极性，吸引农村个人或家庭主动缴费参加新农合，同时也为了引导参合农村居民合理就医，避免小病不治拖成大病的问题，增加新农合的受益面，部分地区在建立新农合以大病统筹为主的制度时，借鉴了城镇职工基本医疗保险的做法，设立了个人或家庭的账户，其用途是支付参保农村居民或其家庭成员的门诊医疗费用支出。

新农合和城镇职工基本医疗保险不同，并没有国家强制和统一的制度安排。不同地区选择了适合本地区的形式，这种个人账户的形式对新农合管理的要求较低，在我国中西部经济欠发达地区采纳得较多。相对来说，东部经济较发达地区建立个人账户的少，很多是直接采取了门诊统筹的形式。

4.1.1 新农合家庭账户保障的政策

2004年原卫生部等部门下发通知，提及了“探索以大额医疗费用统筹补助为主、兼顾小额费用补助的方式”，鼓励各个地方在制度中探索建立家庭账户。这一政策制定，也希望通过储蓄方式提高掺和群众的积极性。接着，各地在制定具体新农合政策中，普遍将家庭账户作为普通门诊补偿的主要方式。在具体的筹资方法上，一种是将个人或家庭缴费的一部分或全部拨入家庭账户，即为“自筹式家庭账户”，另一种是农民缴费加上政府补助分别按照一定比例划入家庭账户，即为“共建式家庭账户”，账户资金可以用于家庭所有成员的诊疗费，当年结余的资金可以转到下一年度使用，但不能用于下一年度的新农合缴费。到 2008 年底，新农合普遍建立了“家庭账户 + 住院统筹”，其中中西部地区有 80%–90% 的统筹区设置了“家庭账户”。①

按照毛勇②对云南省新型农村合作医疗门诊见面方案的调查，在 2005 年随机抽取从云南新农合的 20 个试点县中抽取了寻甸县、蒙自市、龙陵县、禄丰县作为样本县。其中寻甸县、蒙自市、龙陵县为农民设立了家庭账户，门诊费用由家庭账户的资金减免，具体的设置方案有所差别。禄丰县是建立了普通门诊统筹，未设立家庭账户，对门诊费用按比例减免。

我们可以看一下各地的方案。寻甸县将个人筹资中的 6 元钱拨入家庭账户，个人及家庭成员的门诊费用可使用家庭账户资金，用完为止，结余滚存。蒙自市按照个人缴费 15 元、10 元、5 元设立三档，个人缴费的 80% 存入家庭账户，供家庭成员门诊使用。龙陵县个人缴费中的 8 元如家庭账户，用完为止，结余滚存。从三个设立家庭账户的地方方案看，家庭账户的筹资水平非常低，这与新农合本身筹资水平低有很大的关系。禄丰县是唯一实行门诊统筹的地区，当地按照个人缴费 10 元、15 元、20 元分为三档。缴费 10 元的参合农民，门诊费用在乡级医疗机构报销比例为 25%，县级医疗机构报销比例为 20%。缴费 15 元的参合农民，门诊费用在乡级医疗机构报销比例为 30%，县级医疗机构报销比例为 20%。缴费 20 元的参合农民，门诊费用在乡级医疗机构报销比例为 50%，县级医疗机构报销比例为 40%。

---

① 佚名．新农合“家庭账户”将退出舞台，补偿模式待规范［EB/OL］．医药经济报，2009-02-05［2017-04-22］.http：//health.sohu.com/20090205/n262076792.shtml.

② 毛勇，罗家洪，何利平，等．新型农村合作医疗制度门诊减免方案的调查分析［J］．中国全科医学，2006，9（3）：219-221.

从门诊的保障水平看，家庭账户主要是发挥家庭成员内部的横向共济功能，但农村居民主要就是以家庭为单位进行生产和生活的，互济不明显，虽然资金整体具有一定规模，但分散在不同的家庭中，使得账户资金少，难以真正起到门诊医疗费用保障作用。

4.1.2 对新农合“家庭账户”门诊保障的评价

4.1.2.1 家庭账户作用有限、资金沉淀明显

从以上的政策可以看出，家庭账户的筹资水平偏低，数额有限，设立家庭账户的保障能力有限。由于资金只能由参保人本人使用，再加上新农合的家庭账户报销手续较繁琐，使得“家庭账户”在门诊医疗服务中使用率较低，资金沉淀高。

以成都市城乡居民基本医疗保险制度为例，2009 年成都市整合城镇居民基本医疗保险和新农合，正式从 1 月 1 日起实施城乡居民基本医疗保险制度，当年即有 814.77 万元划入个人账户，加上 2009 年以前新农合的个人（家庭）账户余额 973.83 万元，共计个人账户基金 1788.60 万元。可见个人账户使得本不多的城乡居民医保筹资划分出了一部分资金不能用于共济，但使用效率非常低。从 2001 年到 2009 年，成都市个人账户基金使 518.54 万元，年平均使用 57.62 万元，累计使用量不到 2009 年当年划入个人账户基金的 63%，更不到整个个人账户基金的 29%。并且使用金额逐年下降，导致个人账户累计结余沉淀过大，资金使用效率不高。① 因此，2010 年 4 月 1 日起施行的《成都市城乡基本医疗保险门诊统筹暂行办法》中规定，城乡居民基本医疗保险门诊统筹医疗费用由城乡居民基本医疗保险统筹基金支付，参保人员不再享受定额补助，即不再建立个人账户。

4.1.2.2 对提高参合率作用有限

新农合制度初建的时候，主要由于其当时筹资水平较低，只能重点解决农村居民的大病保障问题。很多地区在方案中设立了家庭账户以支付门诊费用，也有着吸引农村居民参合、提高参合率的考虑。但是一些研究却表明，随着新

① 佚名. 城乡居民基本医疗保险原个人账户的问题及对策［J］. 四川劳动保障，2018，397（8）：34.

农合的发展，“家庭账户”吸引农村居民参合的作用日益减弱。钟邃等选取了成都市三个设立家庭账户的县和 1 个未设立家庭账户的县作比较，观察家庭账户的变化和参合率之间的关系。从设立家庭账户的 A、B、C 三县看，家庭账户的金额大小对参合率的影响并不明显，即便没有设立家庭账户的县，参合率也可以达到较为理性的情况。因此得出结论是，家庭账户对参合率的影响并没有当初设想得那么大，特别是在合作医疗已经实行一段时间的地区。杨泓涛等进一步指出，相对“家庭账户”“门诊统筹”的方式更得到农村居民的欢迎。

4.1.2.3 影响住院保障的水平

钟邃等人对成都市样本县的住院费用及其补偿的情况比较中，发现没有设立家庭账户的县在住院费用的收益率和补偿比的平衡上比其他设立了家庭账户的县更有优势。调研者认为是家庭账户设立后加强了住院统筹基金的压力，降低了住院保障的效果，与合作医疗的目的相违背。因此，多数学者都认为，相对于家庭账户，普通门诊统筹更有利于促进小病及时治疗、防治小病抗成大病，更能减少住院利用、降低医疗费用。

因此，虽然新农合家庭账户有管理成本比较低、基金风险比较小的优势，但由于其在实际运行中出现的问题，2007 年国务院在安排城镇居民基本医疗保险的试点意见中，并没有鼓励再建立家庭账户的补偿模式。同时，已经建立了家庭账户的地区也逐渐在总结补偿模式经验的基础上，逐渐取消家庭账户的门诊补偿方式，开始试点探索门诊统筹的方式。

2017 年 1 月，国务院发布的《国务院关于印发“十三五”深化医药卫生体制改革规划的通知》（国发〔2016〕78 号）中，明确提出“改进个人账户，开展门诊费用统筹”，基本确定了取消个人账户的政策方向。

4.2 城乡居民保险实施的门诊统筹

4.2.1 建立城乡居保门诊统筹制度的目的

4.2.1.1 提高城乡居保制度的完整性

从制度设计上看，城乡居保虽然是注重大病和住院服务的保障，但个人门诊费用风险也给一些参保人带来沉重负担，门诊小病与住院大病有密切的关系，小病得不到及时治疗也会影响参保人健康和医保基金的费用支出，为此，门诊费用的保障是医疗保险制度的必要组成部分。城镇居民基本医疗保险采取的是个人账户的形式化解门诊费用风险，城居保不能缺乏此环节，虽然当初制度不够成熟，未来的发展方向是一定覆盖所有疾病、包含门诊服务和住院服务在内的综合性的医疗保险制度。尽管筹资水平不高，整个制度不能缺乏门诊保障这一部分。

4.2.1.2 提高城乡居保制度的公平性

缺乏门诊保障制度，缺乏制度公平性，是的门诊费用高的参保患者负担沉重。门诊保障不全意味着只有少部分的住院患者群体能得到医疗保险的保障。实际上，有些体弱多病、慢性病患者的长期费用风险并不比急性病住院病人的费用低，风险甚至比住院病人还要高，缺乏门诊保障对门诊负担重的参保患者极为不公平。为此，建立门诊统筹制度，以互助共济的方式建立门诊保障，有利于提高制度的公平性。

4.2.1.3 扩大医保制度的受益人群覆盖面

城乡居民医保实行自愿参保，其推广方式是通过让居民认识到制度的优势而主动参加，如何让广泛的居民认识到制度的优越性，吸引更多的居民自愿参加保险，提高居民参保的积极性，才能保证医保基金的规模，巩固和扩大制度。门诊服务的发生率远远高于住院服务，其消费群体远大于住院患者，只有建立城乡居保的门诊保障、扩大制度的受益人群范围，才有利于促进制度的发展。

4.2.2 城乡居民医保的制度文件

在城乡居民医保制度建立之初，一方面考虑到城乡居保的筹资水平低，很难实现城职保的个人账户模式，分配到每个参保人个人账户上的资金非常低，分担风险的能力弱；另一方面，城职保的个人账户已经出现了不能互助共济的问题，体现出了个人账户不能实现公平性的问题。因此城乡居保的门诊保障采取的普通门诊统筹和大病统筹的形式。国家发布了相关文件逐步推广城乡居保门诊统筹。

2007 年 7 月 10 日，国务院发布了《国务院关于开展城镇居民基本医疗保险试点的指导意见》(国发〔2007〕20号)，正式在我国开始试点城镇居民基本医疗保险制度，争取在2010年在全国全面推开，逐步覆盖全体城镇非从业居民。虽然文件中明确城镇居民基本医疗保险基金重点用于参保居民的住院和门诊大病医疗支出，但提出有条件的地区可以逐步试行门诊医疗费用统筹。事实上，是确定了城镇居民医疗保险未来主要以门诊统筹作为门诊保障的主要形式。

2009年7月24日，人力资源和社会保障部发布了《关于开展城镇居民基本医疗保险门诊统筹的指导意见》(人社部发〔2009〕66号)，指出为扩大城镇居民基本医疗保险制度受益面，切实减轻参保居民门诊医疗费用负担，有条件的地区可逐步开展城镇居民基本医疗保险门诊统筹工作。文件提到开展门诊统筹应坚持的原则是：立足基本保障，从低水平起步，逐步减轻群众门诊医疗费用负担；实行社会共济，通过基金统筹调剂使用，提高基金保障能力；主要依托社区卫生服务中心(站)等基层医疗卫生机构，方便群众就医，降低医疗成本。文件发布后，确定了14个重点联系城市推进制度改革。

从2008年开始，河北省、江西省等地方开始大批试点新农合的门诊统筹补偿方式。2010年7月19日，原国家卫生部办公厅发布《卫生部办公厅关于落实2010年医改任务做好农村卫生服务有关工作的通知》(卫办农卫发〔2010〕120号)中，专门提到了推进新农合门诊统筹，引导农村居民到乡村医疗卫生机构就诊。各地要逐步将新农合大病统筹加门诊家庭账户模式调整为住院统筹加门诊统筹模式，2010年新农合门诊统筹要覆盖50%的统筹地区，有条件的地方要争取达到60%。在开展门诊统筹的地区，积极开展门诊总额预付等支付方式的改革。新农合门诊统筹方式全面推开。

2011年，国家人社部发布《关于普遍开展城镇居民基本医疗保险门诊统筹有关问题的意见》，要求城镇居民保险广泛开展门诊统筹，基本否定了家庭账户的做法，要求各地根据自身情况，因地制宜地开展试点工作。

4.2.3 城乡居保门诊统筹政策实施整体情况

在城镇居民基本医疗保险门诊统筹的创建过程中，国家层面主要是确定框架性的原则和方向性要求，具体政策是由统筹区根据各自的经济和政策环境进行探索和设计。国家最早是选择了河北省石家庄市，辽宁省沈阳市，葫芦岛市，江苏省泰州市，安徽省芜湖市，福建省厦门市，山东省淄博市，湖南省长沙市，广东省珠海市，东莞市，广西壮族自治区柳州市，四川省南充市，云南省玉溪市，陕西省咸阳市这 14 个重点联系城市开始推行，主要从这 14 个重点联系城市的经验中探索体制机制创新，找出适应门诊统筹的政策、管理和运行体系，建立起保障有力、运转协调、机制健全、风险可控的门诊统筹办法。

通过几年的探索，各地的城乡居保门诊统筹已经建立起来，基本有普通门诊统筹和大病统筹两种，以下先介绍普通门诊统筹的制度要点。

4.2.3.1 门诊统筹基金的筹集

（1）筹资的模式

一是门诊统筹不单独筹资，统一管理。这种模式表现为门诊统筹并不要求参保人单独额外缴费筹资，而是从筹集的城镇居民基本医疗保险基金中按照一定额度或一定比例分割出资金组成门诊统筹基金，与住院统筹基金单独列账、分开管理。大部分城市采取了这种门诊统筹筹资形式，按照比例提取门诊统筹基金在省一级的制度中体现较多。例如云南省要求按不高于城镇居民基本医疗保险统筹基金总额 30% 的比例提取，原则是不再收费。湖北省要求各地（市）门诊统筹基金按城镇居保基金总额的 15% 左右划拨。在管理基金的统筹地区的方案中，规定划拨门诊统筹基金金额的较多。例如江苏泰州市规定城镇居民基本医疗保险的门诊统筹筹资标准为每人每年 100 元，全部从统筹基金中划拨。

二是门诊统筹单独筹资、分开管理。这种筹资方式是在城镇职工基本医疗保险原有缴费的基础上，针对门诊统筹额外增加筹资，门诊统筹基金与住院统筹基金单独列账、分开管理。从城镇居保的筹资途径看，增加的门诊统筹筹资由多方共同承担。以珠海市和东莞市为例。珠海市按照每人每年 100 元的标准额外筹资，参保居民与财政各出资 25 元，其余经费由城居保基金划拨。东莞市实行自愿参加门诊统筹，就门诊统筹额外筹集费用，由财政和参保居民分别承担上年度当地职工月平均工资基数的 0.5%。

（2）门诊统筹的覆盖范围和项目

考虑到普通门诊统筹的基金安全，有的地区对门诊统筹覆盖的医疗服务范围作了相应的规定。总的来看，实行普通门诊统筹各地的服务范围政策有三种情况：

一是建立了门诊统筹诊疗项目目录。医保经办部门根据门诊服务的特征，单独设立了门诊统筹的服务目录。例如青岛市设立了门诊统筹诊疗项目目录，包括 74 种常用诊疗项目和 12 项检查项目。芜湖市制定的城镇居保门诊统筹诊疗项目目录中包括 77 个诊疗项目。东莞市制定了城乡居保门诊统筹的诊疗项目目录与服务设施标准。其中也有地区采用负目录的方式来确定门诊统筹覆盖的项目和范围，如河南省郑州市、四川省峨眉山市等。门诊统筹负目录主要排除了以下情况：在基层医疗机构明显属于公共卫生的项目、有第三责任人的医疗服务、非定点就医、门诊大病已经覆盖了的额外医疗待遇等。

二是覆盖发生在基层卫生机构的项目。这些地区并没有单独设定门诊统筹的诊疗目录，而是将门诊统筹的保障范围重点限制在基层卫生机构发生的服务。以宁夏回族自治区为例，门诊统筹的范围限于在基层卫生机构发生的基本医疗保险诊疗目录中的甲类诊疗项目和一般诊疗费。

三是直接使用基本医疗保险的覆盖项目。这种情况表现为并没有建立相关门诊统筹覆盖范围的规定，直接沿用了以往在住院统筹中使用的基本医疗保险的目录，目录中的医疗服务设施和诊疗项目都是门诊统筹的覆盖范围。如兰州市的文件中规定“城镇居民基本医疗保险普通门诊统筹基金支付的医疗服务项目范围暂时沿用城镇职工医保《医疗服务设施标准》与《诊疗项目标准》”。没有单独为门诊服务设定目录清单是大部分地区的做法。

4.2.3.2 门诊统筹的医疗服务管理

（1）定点基层医疗机构就诊

考虑到门诊统筹的筹资标准低且强调互助共济，而且普通门诊发生量大、情况复杂，门诊统筹服务管理难度大，基金收支风险压力较大。为了进一步发挥资金的作用，增加了对参保人医疗服务管理方面的限制，以让有限的统筹基金发挥更大的作用。典型的限制手段就是定点就医，大部分的统筹地区设置了这种就诊限制。将参保人的门诊服务限定在签订了定点服务协议的基层医疗卫生机构，患者未经转诊到非定点医疗机构就诊的费用不纳入统筹基金支付。

一般来说，主要限制参保人在基层医疗机构完成门诊的服务，患者不经首诊机构的转诊而直接到上级医院就诊的，统筹基金不予支付。参保人根据自身情况选择一家基层医疗卫生机构，一般一年之内不予变更。参保人主要根据“就近原则”在自己居住地附近选择一家基层机构作为定点，或者系统自动绑定居住地附近的医疗机构作为定点机构。

大部分选择定点基层医疗机构就诊的地区按照“就近原则”选择定点基层医疗机构，但分为两种选择情况。一是开放式门诊。以青岛市为例，青岛市城镇居保参保人自由选择基层医疗卫生机构签约，参保者选定一家基层医疗卫生机构签约后一年内限定在该机构首诊，一年期满后参保人可以另外再选择一家医疗机构签约，以促使基层医疗卫生机构之间的竞争，促使医疗机构提高服务质量。二是封闭式门诊。根据就近方便原则指定定点医疗机构，如武汉市、长沙市等高校较多的城市明确规定将本校的校医院作为本校大学生的门诊定点医疗服务机构，确定之后不能更改。例如东莞市实行指定就医，按照属地原则为参保人指定一家社区卫生服务机构作为参保人门诊就医点。

（2）定点基层医疗机构和医院就诊

由于目前我国各城市的基层医疗机构发展不均衡，有的地区基层医疗机构不能满足首诊的要求或者不能满足参保人的医疗服务需求，完全强制在基层首诊容易引起参保人对制度的不满。为此，有些地区放宽了对签约机构的限制，允许参保人同时签约基层医疗机构和医院，将首诊的医疗机构放宽到一、二级医院定点。例如广州市的定点医疗机构签约可以选择“一大一小”，允许参保人选择一家社区卫生服务机构（基层医疗机构），同时可以再选择一家其他医疗机构，在两家签约定点机构发生的门诊费用统筹基金都可以报销。

（3）参保人门诊自由就诊

有些地区并没有采取门诊定点首诊的制度，既不要求参保居民在基层医疗机构就诊，也不限制患者的就诊医疗机构，患者可以到统筹地区的任意一家医保定点医疗机构的门诊就诊，一般会设立对基层就医的鼓励和倾斜政策。例如河南省南阳市实行门诊开放就医，参保人可以在市内的任何医疗机构就诊，但参保人到基层就诊可以享受医疗保险基金更高的报销比例，引导参保人在基层就诊。从制度设计的初衷上看，很多制度设计者是考虑到医疗保险制度的满意度问题，配套的会通过总额控制的方式来控制费用。例如湖北省荆门市没有实行门诊定点就医，但是在制度初期 2014 年是实行基层医疗机构定点签约服务、基层首诊的。但是由于参保人对基层医疗机构的服务质量不满，对门诊统筹产生了较大的负面影响，被迫在 2016 年开始实行门诊自由就诊。本项目调研的杭州市也是出现了后面取消定点基层首诊规定的情况。实行自由就诊，医疗费用难以控制。与此相配套，医保经办机构会设置对参保人报销的倾斜政策或对医疗机构的支付方式管理以实现门诊统筹基金的合理使用。

4.2.3.3 门诊统筹的参保人待遇

城镇居民基本医疗保险虽然在中西部经济水平较差的地区曾经出现过家庭账户的模式，政策评估不佳，不能很好发挥社会共济作用，又增加社保的经办成本。在吸收新农合家庭账户的经验后，城镇居民基本医疗保险多半以门诊统筹的形式实施，其主要采取统筹基金报销的方式分担门诊费用。按照起付线、按比例负担、封顶线的形式确定报销方式。

由于城居保的筹资水平较低，报销水平相应也较低。门诊统筹针对普通疾病，各城市设置的每次就诊起付线一般为几十元，如葫芦岛市规定参保人员每次就诊时需要自付 20 元的起付线，20 元以上部分按照比例报销，当年累积自付的门槛费达到 200 元时，直接按照比例报销。

表 4–1 是部分地区门诊统筹的报销比例及封顶线。整体来看，门诊统筹的报销比例一般在 50% 左右，玉溪的报销比例为 20%，为重点联系城市中的最低水平，厦门市的报销比例最高，达到 70%。有的地区按照不同缴费档、不同就诊医疗机构级别分别设立的报销比例和封顶线。

表 4–1　部分地区门诊统筹待遇水平

地区	报销	限额（元）
汕头	50%	一档 20 元 / 年；二档 80 元 / 年
河源	30%，单次 20 元	80 元 / 年
梅州	50%，单次 20 元	100 元 / 年
湛江	50%，单次村医 15 元、乡镇医院 20 元	35 元 / 年

续表

地区	报销	限额（元）
茂名	50%	40 元 / 年
潮州	50%，单次 10 元	30 元 / 年
云浮	50%，单次 20 元	家庭人数 ×20 元 / 年
芜湖	30%（20 元缴费档）； 40%（200 元缴费档）	200 元 / 年（20 元缴费档）； 400 元 / 年（200 元缴费档）
玉溪	20%，单次 20 元	200 元 / 年（普通门诊）； 400 元 / 年（特定门诊）

总的来看，城乡居民医疗保险的门诊统筹的费用水平低，参保人获得的待遇低。在目前医药费用普遍增加的情况下，发挥的风险共担的作用十分有限。

4.2.3.4 普通门诊统筹的医疗服务供方支付方式

（1）与医疗机构基于签约人数的总额预算制

从参保人的门诊统筹待遇看，是按项目计费，但医保经办机构与医疗机构在结算费用时，均没有完全按项目付费。在各个城市的城居保门诊统筹支付方式中，最常见的是医保经办机构与医疗机构支付是“总额控制、人头付费”的结算方式，这种方式需要有定点门诊作为基础，根据机构的签约人数来确定与医疗机构结算的总额预算。一般医保机构在地区范围内确定平均人头费，根据医疗机构的签约人数乘以平均人头费确定总额预算，实行总额预算的结付方式。根据对医疗机构年终总额预算的形式，又可以有三种分类：一是，医疗机构完全承担超出总额预算的费用，若总额有结余全部结转到下一年度使用。这种结算方式对于医疗机构结余费用的激励最弱。二是，医疗机构完全承担超出总额预算的费用，一部分总额结余奖励医疗机构，其余结转下一年度使用。这种结算方式对医疗机构结余费用有一定的激励，超支有惩罚。如安徽省芜湖市对医疗机构奖励年终结余的 30%，但医疗机构则需完全自行承担超支。三是，医疗机构的总额预算有所弹性，超支部分由医保基金和医疗机构分担，一部分总额结余奖励医疗机构，其余结转下一年度使用。例如河北省石家庄市医保经办部门根据医疗机构总额超支的情况分担超支费用。如果超支 20% 以内，医疗机构需承担超支部分的 20%；如果超支 20%—40%，医疗机构需承担超支部分的 50%；如果超支 40% 以上，医疗机构需承担全部超支费用。

（2）总额预算制下的项目付费

居民发生的门诊费用按照项目付费，按照规定由门诊统筹基金支付的医疗费用由统筹基金按照相应比例报销，医疗机构垫付报销的医疗费用。医保经办机构和各医疗机构在年初协商统筹基金支付的年度预算总额，在每个月（或季度）与医疗机构结算。医保经办机构每个月（或季度）预留一定的经费作为考核金，到了年底根据年度预算总额的完成情况和考核医疗机构的医疗服务质量进行年终的结算。年终结算依据根据各地的考核指标不同略有不同，大部分的地区主要考虑实际发生的医疗费用与总额预算之间的关系、门诊就诊人群的覆盖面、重复入院率等指标，并结合对医疗机构的服务满意度调查来综合结算。

4.2.4 高血压糖尿病门诊用药纳入报销

2019 年 3 月 5 日，十三届全国人大二次会议上，李克强总理做政府工作报告。在报告中，总理指出，做好常见慢性病防治，把高血压、糖尿病等门诊用药纳入医保报销。居民医保人均财政补助标准增加 30 元，降低并统一大病保险起付线，报销比例由 50% 提高到 60%，加强重大疾病防治，实施癌症防治行动，推进预防筛查、早诊早治和科研攻关，着力缓解民生方面看病的痛点。其中提到的高血压糖尿病门诊用药报销政策，在 2019 年 9 月 11 日，李克强总理主持召开国务院常务会议的时候便给予了落实，决定对参加城乡居民基本医保的 3 亿多高血压糖尿病患者，将其在国家基本用药目录门诊范围内的门诊用药统一纳入医保支付，报销比例提高至 50%。会议还要求，有条件的地方可不设起付线，封顶线由各地自行设定。对已经纳入门诊慢特病保障范围的患者，继续执行现有政策，确保待遇水平不降低。

以武汉市城乡居民医疗保险从 2020 年的政策为例。从 2020 年 1 月开始，正式将武汉市城乡居民参保人员高血压糖尿病（以下简称“两病”）患者门诊用药纳入医保报销范围，政策范围内报销比例可达 50%。当地具体的政策内容有：①保障对象主要为“两病”的轻症患者。对象具体为参加武汉市城乡居民基本医疗保险，经二级及以上定点医疗机构规范诊断，确诊为高血压、糖尿病并采取药物治疗的“两病”患者、需采取药物治疗的患者可享受此政策。已被纳入门诊重症（慢性）疾病管理的“两病”患者，仍按照原政策执行，不重复报销，门诊特殊慢性病政策确保待遇水平不降低。②设立最高支付限额。对未纳入门诊重症（慢性）疾病保障范围，但需采取降压药、降糖药物治疗的“两病”参保患者，降血压、降血糖的药物纳入门诊保障范围，政策范围内医保统筹基金支付比例为50%；其中，高血压年度最高支付限额为360元，糖尿病年度最高支付限额为480元，参保人“两病”并发的年度最高支付限额600元。③建立“两病”的长处方制度。根据医师处方管理规定和病情需要实行定量开药，药品用量不超过药品说明书规定的最大剂量；对由基层医疗卫生机构家庭医生服务团队签约管理服务，且病情稳定、依从性较好、需要长期服药的慢性病签约患者，可一次性开具治疗药物不超过1个月的药量，首次长期处方必须在实体医疗机构开具；在一次处方药量使用完毕之前不能重复开药，重复开药不予报销。④限定“两病”用药的范围。高血压、糖尿病门诊用药保障是按照以最新版国家基本医疗保险药品目录中的门诊降血压、降血糖的药物为依据进行报销。您在门诊就医同时使用的其他辅助性治疗药品费用、治疗其他疾病的药品费用和各种检查诊疗费用不纳入高血压糖尿病门诊用药保障范围。⑤基层医疗机构定点管理。“两病”门诊用药实行基层医疗机构定点管理。符合条件的参保患者按照就近、方便的原则自愿选择一家定点医疗机构作为其用药保障的定点医疗机构。参保患者持二级及以上定点医疗机构开具的诊断证明等相关资料到选定的基层医疗机构办理“两病”门诊登记建档，次月即可进行门诊用药报销。在制度推进中，同时完善家庭医生签约服务，落实基层医疗机构和全科医师的责任，规范诊疗行为，做好慢性病患者的健康管理。⑥加强对参保人和医疗机构的审核监督。医保部门强化“两病”门诊医疗费用的审核及监控，加强对相关定点医疗机构“两病”门诊医疗服务实施考核，考核结果与信用等级评定挂钩。对“两病”参保人员门诊用药资格实行不定期的复审，对于发现不符合条件或者通过冒名顶替、伪造病历等弄虚作假行为取得高血压糖尿病门诊用药资格的参保人员，一经查实，立即取消门诊用药资格，并视情况追究相关责任，对定点医疗机构违规套取医保基金的行为，按照有关法律法规和定点医疗机构服务管理协议严肃处理。

第五章　国际门诊保障的启示

本章主要研究国际上其他国家和地区的门诊保障制度，通过国外的做法获得对我国建立门诊统筹制度的启示。在经过广泛的文献收集和分析发现，大多数国家，特别是相对发达、医疗保障制度比较完善的国家并没有独立的门诊医疗保障体系，门诊保障和住院保障是整个医疗保障的有机组成部分。当然，每个国家的医疗保障制度都是经过发展不断完善。早期的医疗保障制度覆盖面窄，逐渐覆盖全体居民，发展为全民医保。医保制度的保障范围也是在不断拓宽，最初是保障大病、保障住院，后随着医疗保障制度对费用控制、保障程度、医疗服务管理的要求，逐渐加大对门诊的保障程度。国外经过多年发展的医疗保障制度，覆盖面广而且保障程度高，并没有“门诊统筹”这一概念，门诊保障是制度的必要组成部分。

在研究我国典型统筹地区实行“门诊统筹”时，也需要借鉴保障制度比较成熟国家的门诊保障的做法，为我国提供参考。这里我们不一个个单独介绍典型国家的制度，而是从门诊保障的几个关键环节分别介绍国外医疗保障制度是如何做的。

5.1 门诊保障的资金筹集

由于大部分国家的医疗保障体系将门诊保障和住院保障作为一个整体，并没有分两个体系分别设计制度，所以并没有单独对门诊保障的筹资方式，对住院保障和门诊保障共同筹资。实行社会医疗保险的国家，其资金来源主要是雇主和雇员的社会保险缴费；实行国家保障的国家，如英国和加拿大，资金来源于通过税收形成的政府财政拨款。总的来说，门诊保障并不单独进行筹资，不形成单独的门诊保障基金，门诊保障与住院保障的经费在整个基金池中共同实现保障的互助共济。

5.2 门诊保障的服务范围

虽然大部分国家的医疗保障都具有门诊保障的功能，但在具体的保障范围上有所差别，有的国家并没有完全覆盖，有的只覆盖部分项目，有的还覆盖了预防保健服务。门诊项目范围广泛，相比于住院保障，门诊保障的待遇目录相对更清楚明确。发达国家的医疗待遇包括两个层面：高一级的层面是国家议会通过立法列举医疗服务的方式建立一般框架；低一级的层面，是明确具体的待遇目录。

5.2.1 包含疾病预防的门诊保障

由于发达国家的慢性病患者不断增加，导致医疗费用快速上涨，为医疗保险基金带来了极大的负担。从方便慢性病患者、降低服务成本的角度看，疾病预防显然是效率最高的慢性病处理方式。因此，有些国家改变了以往医疗保障只针对医疗费用，将保障的关口前移，将以前被动支付疾病治疗费用转为主动的积极预防疾病，采取“防治结合”的观念。以德国为例，规定由医疗保险承担初级保健医生提供的部分慢性病预防费用。我国台湾地区的保健计划，门诊保障覆盖了诊疗、牙科、部分中医门诊、处方药品，还包括了一些预防保健项目。具体的预防保健项目有孕产妇产前检查、儿童预防保健、成人预防保健检查，并为 40 岁以上、65 岁以下的居民每三年，65 岁以上的居民每年免费提供一次健康体检。世界上将疾病预防纳入门诊保障范围的国家还有西班牙、日本、瑞典、巴西、泰国、澳大利亚等。

5.2.2 只包含医疗的门诊保障

大部分国家的医疗保障制度只保障医疗服务，并不包括预防保健。但每个国家通过一般性的法令或待遇目录明确了门诊医疗保障的范围。韩国的医疗保险支付覆盖的都是极为普遍和必需的医疗服务，排除了一些门诊医疗服务，包括：无初级保健机构医生转诊、直接到三级医疗机构就诊发生的费用（急诊除外）；贵重仪器的检查费；辅助装置费用，如助听器、假肢、眼镜等；牙科矫形、补牙和预防性洁齿除垢；著名专家的诊疗费等。各国门诊医疗服务范围不一，一般的门诊治疗项目都包含在里面，主要的差别在牙科、眼科等以门诊为主要服务形式的专科内容，但老年人和儿童的牙科治疗一般能被纳入保障范围。有的国家和地区强制要求有基层的转诊。在丹麦，全科医生服务、耳鼻喉科、精神病科、眼科都是覆盖在公共基金范围内的，牙科有一部分被覆盖，对于其他专科医生的服务，需要全科医生的转诊才能覆盖。门诊保障一般会将特需服务除外，如美容、矫正项目的费用和选择专家的诊疗费。

大部分国家实行了医药分离，医疗费用和药品费用会分开计费。对于门诊治疗所需的药品费用，大部分国家还是会保障门诊处方药费用，非处方药的费用由个人支付，如德国、荷兰、以色列。不同的国家具体的规定也不相同。加拿大的医疗保险基本不支付包括处方药在内的门诊药品的费用，只支付一部分慢性病的药品费用，不予支付的药品费用只能通过商业保险来支付。美国的 Medicare 计划具体细分为几种，只有 D 计划才保障门诊药费，该计划仅覆盖了低于总人口 10% 的低收入和 65 岁以上老年人，其他的保障对象都只能通过商业保险来获得药费的保障。

5.3 参保人的门诊待遇水平

发达国家的医疗保障水平较高，对门诊费用的保障程度也较高，但为了增加参保人的费用控制意识，大部分国家的参保人还需要在门诊的医疗服务和药品费用承担部分支付责任。由于大部分国家在门诊实行了医药分离，门诊的药费和医疗服务费是分开支付，本部分分别总结个人对医疗费用的支付和个人对药品的支付情况。

5.3.1 个人对医疗费用的支付情况

医疗保障对医疗费用的支付普遍高于药品费用的支付，有些发达国家对医保范围内的医疗费用实行全额支付。例如，加拿大的政府门诊保障包含的医疗项目费用全部由医保支付，个人无须付费。丹麦的参保人可以免费享受普通的诊断、治疗和预防服务。德国的参保人找自己签订的初级保健医生看病时，除非是医保目录明确排除在外的医疗项目，参保人不用自付任何医疗服务费用。

5.3.1.1 个人定额支付，其他由医保支付

即个人每次就诊只需支付一个固定的额度，其他费用都由医保支付。英

国、瑞典、挪威、斯洛伐克和我国的台湾、香港地区均是实行这种个人付费形式。我国台湾地区的一般门诊服务，个人在基层诊所每次只需要自付50元，在地区医院门诊个人每次自付 50 元，区域医院门诊个人每次自付 100 元，医学中心门诊每次费用自付 150 元。英国的个人每次就诊只需要支付 6.4 英镑的处方费，此外再需要支付部分牙科的诊疗费用。瑞典的不同省份设置了不同的个人支付标准，基本的个人支付标准是：在初级卫生保健机构的公立医师处就诊，自付诊疗费 11 ~ 15 欧元，在医院的专科医师处就诊自付的诊疗费 16 ~ 27 欧元，在私人合同门诊医师出就诊，个人则需要自付额外的就诊费用。

5.3.1.2 个人按比例自付费用

即个人每次需要按照比例自付一定的就诊费用。日本、法国、意大利、韩国、芬兰、比利时等国家实行这种门诊支付形式。在法国，除了患有 31 种严重疾病（包括糖尿病、癌症、精神分裂症、严重的高血压等）的情况，个人需要支付全科医生诊疗费的 30%、专科医生诊疗费的 30%、实验室检查费用的 40%。日本的医疗保险制度改革实施后，个人自付费用的比例按照年龄和收入划分：不满 3 周岁，共付 20%；3 ~ 69 周岁，共付 30%；70 岁以上，一般共付 10%，但收入超过一定比例，共付 20%。为了减轻患者及其家属的负担，日本还规定了医疗费用自付的年度最高限额。比利时的参保人自付比例根据其收入和社会地位的不同而不同。

5.3.1.3 起付线以上的费用个人按比例自付

相比于前一种形式，这种待遇支付增设了起付线，起付线以下个人完全自付，起付线以上按比例支付。韩国和瑞士实行这种形式。韩国的参保人每次门诊先需要自付 3000 韩元，超出 3000 韩元的部分按比例支付，专科医院门诊个人自付 50%，大型综合性医院个人自付 50%（农村地区的医院个人自付降低 5%），一般的医院个人自付 40%（农村地区医院个人自付 35%），社区医疗中心和私人诊所个人自付 20%。瑞典门诊设置的是年累计起付线，为 230 法郎，起付线以上门诊费用参保人按照 10% 的比例分担，但每年个人支付最高不超过 600 法郎。

5.3.1.4 医保定额支付，个人支付剩余部分

澳大利亚和新西兰实行这种支付形式。在澳大利亚的公立医院就诊，如

果门诊医疗费用不高于医疗保险规定的门诊费用标准，患者不用自付任何费用；如果医师收费超过标准，则患者必须支付超过的部分，不过同时设置了个人年度自付封顶线。新西兰政府会补贴减免卡持有者和儿童的门诊就诊费，但这个补贴金额是固定的，个人如果门诊诊疗费超出政府补贴的额度，则需要自己付费。

5.3.2 个人对药品费用的支付情况

大多数国家的门诊保障对药品和医疗服务实行不同的支付政策，一般来说，个人需要承担更多的药品支付责任，几乎不支付非处方药的费用。因此，在门诊保障个人待遇中，需要单独梳理对药品费用的支付。

5.3.2.1 个人全额支付药费

门诊所需的药品费用全额由参保人个人支付。加拿大大部分省份的公共医疗保险不覆盖门诊药品费，需要个人负担，大部分人通过补充医疗保险支付门诊药品费用。

5.3.2.2 个人定额支付

个人定额支付门诊药费，超出部分由医疗保险基金支付，典型国家有德国、澳大利亚、新西兰。德国的参保人根据处方药包装大小支付一部分费用，小包装病人支付 4 欧元，中包装病人支付 4.5 欧元，大包装病人支付 5 欧元。澳大利亚的特殊照顾群体，如退休人员、残疾人和领取社会救济的低收入群体，只要是购买医保药品目录内的药品时，不管药品的实际价格是多少，每张处方自付 4.7 元，当年个人自付目录内药品费用超过 253.8 澳元时，可以领取一张免费卡，凭免费卡可以当年免费购买药品。在我国台湾地区，设立了门诊用药 100 元的起付标准，药费每超过起付线 100 元，患者都要自付 20 元，还规定了患者自付费用的上限。

5.3.2.3 按比例支付

较多国家实行按比例支付门诊药费。第一种是实行统一的比例，典型国家有挪威、日本、西班牙。挪威的个人支付门诊药费比例为 36%，同时规定了每个处方个人支付的最高限额为 500 克朗。日本的患者大约承担门诊药费的 20%。第二种是针对药品报销目录中的不同组的药品实行分类的比例，法国、芬兰、比利时等国家实行这种按比例报销。法国的个人对一般药品自付35%，对未确定疗效的药品自付65%。第三种是根据购药情况变动比例报销。在韩国，个人的自付比例根据购药的总费用和有无医生处方而不同。如果一次购药在10000韩元以上且有医生的处方，个人负担30%，没有医生处方则自付40%；一次购药在10000韩元以下且有医生处方的，个人负担1500韩元，没有医生处方的，个人负担4000韩元。

5.3.2.4 设置起付线，起付线以上按比例支付

丹麦、美国和瑞典实行这种费用分担。在丹麦，个人需要自付在500丹麦克朗以下的药费，药费在501—1200丹麦克朗之间，个人支付50%；1201—2800丹麦克朗之间的药费，个人支付25%，2801丹麦克朗以上的药品费用，个人则只需支付15%。当患者的药品支出持续高，年度药品支出达到4300瑞典克朗后，个人在本年度再购买药品可以不再支付费用。

5.4 门诊就医管理

大部分国家的住院和门诊服务由不同的医疗主体提供，普通门诊在初级保健机构；住院在医院，医院只提供急诊和专科门诊服务。对于门诊的医疗保障政策，会根据不同提供者有所不同，医疗保险机构对参保人的门诊服务会有相关的管理规定，主要是针对首次门诊服务的就医机构是否是初级保健机构，全科门诊和专科门诊是否分开，主要分三种就医管理的类型。

5.4.1 全科门诊和专科门诊分开提供，首诊在社区

参保人患病时不能直接去专科门诊就诊，必须先去有签约关系的社区全科医生那里就诊，如果社区医生不能处理，也必须通过社区医生转诊才能去医院看专科门诊或住院。并且多数的专科医生也只能接受全科医生转诊的患者。从世界范围来看，大部分国家都实行的是社区首诊。英国的国家健康服务体系中，每个居民都需要选择家庭医生签约，形成至少一年的固定签约关系，作为个人当年的门诊首诊机构。英国居民的所有非急诊门诊必须在其签约的家庭医生处就诊，才可以享受全民健康服务的待遇，不需要支付就诊费用，家庭医生可以根据患者的病情转诊到医院的专科医生处看门诊，但专科

医生不接受患者的门诊首诊。荷兰的患者不能直接到医院门诊部或专科医生处就诊，必须首先到其固定的全科医生处就诊，参加保险的患者需要转诊卡才能获得专科医生和医院的服务，转诊卡写明某个专科而非某个专科医生，病人有选择专科医生的自由。正是这种门诊就医管理，强化了初级保健医师“守门人”的地位。实行社区首诊的国家和地区，大多都形成了较好的双向转诊机制，既能够将一些社区无法处理的病人转到医院治疗，也能将诊断明确和病情稳定的患者，转回到社区机构进行治疗和恢复。

5.4.2 专科门诊和全科门诊都在社区，患者自由选择

以德国为例，德国的医院不开展任何的门诊服务，专科医师也在社区诊所开业。患者可以在社区自由签约一家开业全科医生作为首诊的门诊服务点。虽然要求转诊必须有签约的全科室生完成，但参保人需要医生服务的时候，既可以到签约的全科医生处诊治，也可以到社区开业的专科医生处诊治。

5.4.3 不要求社区首诊

医疗保障支付完全不设置门诊就诊约束，患者可以自由选择社区或医院的专科门诊就诊。实行这种就医管理的国家和地区包括法国、瑞典、韩国、日本和我国台湾地区。法国的患者可以自由选择卫生服务提供者，患者可以就诊于任何全科医生、私人开业的专科医生或在医院门诊部工作的专科医生，无须转诊，也没有对就诊次数的限制。日本的患者选择门诊时，既可以去诊所也可以直接去医院。这种就医管理模式给予患者很大的就医自主选择权，而患者都倾向于到大医院的门诊部就诊，很容易导致过度利用医院的门诊服务。一般来说，不同层级的参保人自付费用比例不同，就诊机构层级越高，自付比例越大，以吸引患者到社区就诊，但其效果并不甚理想。

5.5 门诊服务供方的支付方式

前面谈到了对患者的支付待遇，现在来总结一下国外对医疗服务提供方的支付方式。与对需方的待遇类似，医疗保险也是分开补偿门诊的药品和医疗服务，采取不同的补偿方式。

5.5.1 按人头付费

按人头付费是最具有门诊付费典型特征的支付方式，大多数国家主要采取这种方式来支付社区全科医生提供的医疗服务费用。实施按人头付费的国家主要是英国、荷兰、丹麦、澳大利亚等实施社区首诊制的国家。英国的人头付费是拨付给 GP（初级保健医生）掌握使用，人头费中不仅包括支付给全科医师的门诊费用，还包括全科医师为签约居民向医院购买专科门诊服务和住院服务的费用。人头费大约占全科医生薪酬的 60%，此外全科医生发放收入还包括基本的薪酬和一些可以按项目收费的服务。英国的人头费标准计算考虑了保障对象的年龄、性别、地区、经济状况、发病率、是否患慢性病等因素，对不同年龄、不同性别、不同健康状况的居民实行不同的人头费标准，是经过多年探索能实现风险调整的人头费测算。

一般来说，在实行按人头付费的同时，会与其他方式复合使用。荷兰对全科医生实行的就是按人头付费为主、其他付费方式为辅的组合方式。全科医生除了按人头付费的收入外，还对提供的健康咨询付服务和上门初诊实行按次计费、非工作时间的服务按小时计费、预防服务按项目付费。

有的国家只对一部分的门诊服务提供者采用按人头付费。例如法国实行自由就诊，只对实施转诊的全科医生实行按人头付费。

5.5.2 总额预付制

德国对门诊服务实行总额预付制下的按服务项目计费方法。虽然是按项目付费，由于有总额的控制，每个项目并不显示为绝对价格，而是相对价格，即用点数计费，到年终才能通过当年总额和实际发生的服务量计算，才能得到每个点的单价，从而获知具体服务项目的当年价格，补偿给门诊服务的医生。这个补偿方式首先需要确定点数分配。在德国，首先由联邦医疗基金联合会与联邦医师协会协商谈判后，按类别确定每个门诊服务项目的点数分配。接下来是确定每年度的预算总额。德国是各州的医疗保险基金联合会与州的医师协会通过谈判，在上年度医疗费用实际发生数的基础上，考虑其他有关的因素，如人口、工资、疾病谱变化等，确定本年度的门诊医生费用预算，通过医疗保险基金会将预算资金拨付给医师协会。门诊的开业医生向病人提供门诊服务，按照服务项目形成账单，以记录其服务量，医师协会在年末根据所有开业医师提供的总的服务项目点数，结合州的预算总额，计算出当年每一点数的现金值。每位医生得到的费用是他当年提供的服务项目的总点数乘以每一点数的现金值。这样，可以促成医生主动提供多的医疗服务，以为个人获取更多的点值。但是无论医生提供多少服务量，医疗保险支付的金额都不会超过这个总额，如结合行业自律来进行点数结算，可以有效控制医生的过度服务。

5.5.3 按项目付费

没有实行社区首诊的地区，对门诊医师的服务通常采取按服务项目付费的方式进行补偿，例如有日本、法国、美国、韩国、我国台湾地区等。按项目付费是后付制方式，容易造成医生诱导需求、提供过度服务。实行按项目付费的国家也有设置补偿封顶。例如加拿大的医保机构对医生给予的支付达到一定水平后就不再全额补偿。

对于门诊药品的供方（药店）支付，基本都是按照项目支付，按照药店提供的药品项目、价格、医保政策直接结算实际给付的药品费用。

5.6 国际门诊保障制度的经验借鉴

虽然国外的门诊保障制度与各国的医疗卫生服务提供体系相关，但制度的基本结构有相通之处，其他国家多年发展的门诊保障制度有值得我国借鉴的地方。

5.6.1 大部分国家都建立共同为门诊住院提供保障的体系

国外大部分国家的医疗保障制度共同覆盖门诊服务和住院服务，并不刻意划分对两类医疗服务的保障制度。两类服务的保障共同筹资，并不建立独立的筹资体系，医疗保险基金也是统一的管理和使用，并没有分别对门诊和住院的基金进行分配和划分，两者放在一个基金池中，医疗保障制度理所当然地提供从门诊到住院的完整的费用保障。

我国由于历史原因，将门诊服务划出统筹基金的支付范围，如今逐步纳入，是我国社会基本医疗保障制度发展的进步，逐步认识到门诊服务同样也存在较大的费用风险，有必要保障，门诊服务的保障会直接影响住院医疗保障基金的安全，门诊服务和住院服务是医疗服务的有机构成部分，不应该将两者切割，导致参保人就医行为的变化，对医疗保障制度的发展不利。我国目前的正在将门诊服务逐步纳入统筹基金范畴，对医疗保险基金统一筹资、统一基金管理提出了要求。

5.6.2 门诊医疗保障与医疗服务体系密切相关

从对国际门诊医疗保障制度的分析看，各国在制度构成的关键点上存在着差异，这些差异很大程度上是由本国的医疗服务体系决定的。

在理论界，对门诊保障服务实行按人头付费，社区定点首诊的呼声很高，但我们看到实施社区首诊的典型国家都有其特定的医疗服务体系，社区医疗服务能力强，社区医师能形成充分的市场竞争，才能使得实行定点人头付费后，参保人能够自主选择且满意度较高。很多典型国家或地区也没有实行社区首诊，即使社区卫生服务的能力比较强，还是基于当地的基础条件、制度价值取向等原因，选择了其他的门诊保障实现形式。可见，门诊保障制度并不是只有一种实现形式，也不是都要统一到共同的思路，根据本国或地区的实际选择适合的实现政策目标手段才是重要的。

我国幅员辽阔，各个地方卫生服务体系和医疗保险状况差异明显，门诊统筹按人头付费对基层医疗卫生机构的服务能力要求高，我国正在发展中的医疗卫生服务体系最薄弱的就是基层医疗卫生这一环节，不适宜一刀切实行按人头付费。鉴于医疗服务体系已经发展较为完善的发达国家，也并不是都实行按人头付费，门诊保障形式的选择应该充分尊重各地历史与文化的差异，不需要在条件不成熟的情况下强制实行社区首诊制。本书选择的典型地区湖北省荆门市曾经选择过社区首诊，但是由于基层医疗服务未能跟上，导致参保人的满意度降低，进而影响到医保机构的形象，最后只得取消社区首诊。相比于门诊保障中是否实行社区首诊，想各种办法将参保人引导到基层就诊、养成良好的就医习惯才是主要目标。

5.6.3 门诊的医疗和药品执行分别的支付政策

其他国家的门诊保障政策在门诊医疗服务和药品服务分离的基础上，显示出很典型的医和药不同报销待遇的特点。国外一般对医疗服务和药品分开制定支付水平和支付方式。这种医药分离，有利于切断医生与药品费用之间的联系，能够避免出现医生滥开药品的情况。从支付水平上看，医疗服务的保障待遇一般都高于对药品费用的保障，个人在药品费用上的支付水平均高于门诊提供的医疗服务。这种支付水平的差异体现出，在门诊服务中，提供的医疗服务是门诊服务的重点，医生的劳务及其补偿是门诊保障首先要实现的任务。其次对于不同的药品也实行不同的保障政策，处方药是药品保障程度最高的类别，医生开具的处方药品能有一定的医保待遇，但是医保基金一般不予支付非处方药的费用，这也是体现了保障基本的原则，对确有需要的药品给予保障，减轻患者的费用负担。从支付方式上看，医保机构对药品供方的支付基本采取按项目付费，但是对医疗服务提供方的支付更多采取预付费方式。这也可以看出医疗服务的费用管理难度远远高于单纯的药品费用管理，通过预付费方式将控制费用的压力转移给医疗服务提供方是较好的选择。

但我国的医疗卫生服务体系没有实行医药分开，医疗机构提供医疗服务后，医疗服务费用和药品费是在医疗机构一块支付的，没有将医生的劳务偿付和药品偿付区分，也没有将处方药和非处方药区分偿付，在医保支付时，无法体现出两者的差异，也不能体现出医生的劳务服务在医药服务中的重点地位，也不能体现出医保对不同需要程度药品的偿付差异。因此，我国要实现较好的门诊保障，需要有医药分类管理作为基础，这也是未来医疗保险支付形式的客观要求。

5.6.4 门诊的保障也可以考虑由多层次体系构成

从国际经验可以看出，有些发达国家逐渐将预防保健服务纳入门诊保障的范畴，这是随着门诊保障不断发展，认识到门诊保障是综合性、系统性的工程，促进参保人的预防保健意识也有利于统筹基金的收支平衡。对于多样化的门诊服务，门诊保障的也可以是多筹资渠道、多层次的。例如英国的

NHS（国家卫生服务体系）的门诊保障是免费向居民提供，并没有明确区分医疗服务与预防保健服务的经费来自哪里，两方面的门诊服务都是通过初级保健医生向居民免费提供，费用都来自政府财政的拨款。实行社会医疗保险的典型国家——德国，也在逐渐将门诊保障的范围扩大到预防保健服务，这也是他们对社会医疗保险制度逐渐完善的做法。

目前我国的门诊统筹主要是来自医疗保险基金的筹集，预防保健投入来自政府公共卫生投入，各有保障，其实两种保障都是由社区卫生服务机构提供，通过不同的投入途径进行补偿，但两类服务没有有效衔接。我国是发展中国家，医疗保险的筹资能力不如发达国家，政府财政在卫生方面的投入也不如发达国家，预防保健与医疗有机结合有利于节约社会资源。建议在我国门诊保障建设中，考虑卫生和医保两个投入途径相互结合，两个部门相互合作，将有限的经费和资源充分利用。目前我国有些地区正在实践的家庭医生签约与医保按人头付费和公共卫生服务相结合就有这种发展趋势，希望未来能够有好的发展前景。

在梳理了我国城镇职工基本医疗保险和城乡居民基本医疗保险的门诊保障制度，以及国外实行门诊保障的经验之后，落实到具体实施上还需要看各地的实施背景和医疗保险的基本情况。接下来，我们将整理在国内几个典型的门诊保障制度地区的调研报告，分析其制度选择的原因、制度实施过程中根据实际情况的调整，以提示门诊保障是可以通过多种途径实现的，因地制宜和随情况调整是制度能够顺利实施的关键。

第六章　荆门市的门诊统筹实践

选取荆门市作为一个典型的地区实践，是在调研中感觉到当地的医疗保险经办管理能力强，但基层服务能力弱，这种情况我国大部分地区都存在，荆门市的做法的借鉴性很强。荆门市地处湖北省，是一个中等规模的老工业城市。荆门市的实践中遇到的最典型问题是：医保政策给予参保人的门诊统筹待遇非常高，与住院报销比例一样，但由于荆门市的社区卫生服务机构服务能力弱，服务管理不规范，使得参保人对门诊统筹的定点医疗意见很大，最终只能取消定点首诊。虽然荆门市通过医保支付的总额控制，增大了医院将住院病人转门诊的积极性，但取消了门诊定点首诊，仍旧有一丝遗憾。使得医保基金向医院支付的比例更高，没有发挥通过门诊统筹制度合理配置资源的作用。

6.1 荆门市门诊统筹的政策安排

2010 年，合并了城镇职工基本医疗保险和城镇居民基本医疗保险。第一档和第二档分别按照该市上年度城镇居民可支配收入的 1% 和 2% 的比例缴费（含政府补助），第三档以该市上年度在岗职工平均工资的 4% 缴费，第四档按照用人单位上年度职工工资总额的 10% 缴费。第四档参保缴费的人员，相当于以前的城镇职工基本医疗保险参保人员，按用人单位上年度职工工资总额的 10% 缴纳医疗保险费，其中用人单位缴纳 8%，职工个人缴纳 2%。第四档缴费人群的门诊医疗待遇主要来自职工的个人账户。不同缴费档次对应不同的待遇支付办法。荆门市的门诊医疗保障从 2010 年两险合并之后经历了多次政策调整。

6.1.1 2013 年以前城镇职工以个人账户为主的门诊保障

6.1.1.1 各类参保人的门诊保障待遇

一是个人账户保障第四档缴费人员的普通门诊由个人账户保障。第四档缴费人员的个人账户划入比例最初是用人单位和个人缴纳基本医疗保险费总额的 40%。其中，个人缴费部分全部纳入个人账户，单位缴费的 20% 纳入个人账户。具体到参保职工个人，职工个人缴费全部纳入个人账户，职工年龄不同，划入个人账户的单位缴费额不同。以职工个人的工资为基数，小于 30 岁的职工，按工资的 1.5% 划入个人账户；30 至 40 岁的职工，按工资的 1.8% 划入个人账户；40 至 50 岁的职工，按工资的 2% 划入个人账户；50 至 55 岁的职工，按工资的 2.2% 划入个人账户；55 岁以上的职工，按工资的 3% 划入个人账户。符合不再缴费，终身享受医疗保险待遇的退休人员，按本人养老金的 4% 配置门诊个人账户。个人在定点医疗机构发生的门诊费用，由个人账户支付，个人账户余额使用完毕，由个人自费支付门诊费用。

二是门诊特殊慢性病门诊。针对需要在门诊长期治疗，总费用较高的特殊病种，实行特殊慢性病门诊保障。医保经办机构通过筛选，列出具体病种，包括恶性肿瘤门诊放化疗、慢性肾功能衰竭透析、系统性红斑狼疮、糖尿病、再生障碍性贫血、高血压（极高危）、重性精神病、慢性重型肝炎抗病毒治疗、肝硬化、血友病、帕金森病、帕金森综合征、类风湿性关节炎等慢性疾病。这些病种患者的门诊医疗费用不设起付标准，由统筹基金按照各缴费人群对应的不同的住院报销比例来支付。器官移植术后抗排异反应的费用实行定额包干补贴。各类缴费人群慢性病门诊保障主要体现在报销比例有差别。

三是其他档缴费人群实行门诊统筹。没有设立个人账户，主要依据曾经的城镇居民基本医保门诊统筹的办法保障门诊医疗。在荆门市启动城镇居民医保时，很多县市就制定了门诊统筹的实行办法，按基金收入的 20% 建立门诊统筹基金，参保人员在定点门诊就医时，其发生门诊费用按每人每天不超过 10 元—15 元的标准限额报销，年度累计最高报销 200 元—250 元。

6.1.1.2 调整第四档个人账户为普通门诊统筹提供资金条件

个人账户保门诊，统筹基金保住院的方案设计，使得大量的医保筹资分配入个人账户，但荆门的门诊保障政策给医保经办部门带来了困扰。①个人账户没有发挥互助共济的作用。个人账户属个人所有，只能用于个人看门诊，大量的费用沉淀，不能发挥互助共济的作用。同时，又经常发生用社保卡购买非药品和生活用品等违规行为。既浪费基金，又饱受社会诟病和媒体质疑，给基本医疗保险制度运行带来负面影响。②个人账户沉淀资金过多。退休人员超过职工医保参保总人数的25%，这部分人员不缴纳基本医疗保险费，但必须配置个人账户，是基本医疗保险统筹基金刚性支出之一。随着人口老龄化速度加快，退休人员个人账户支出也水涨船高，对本已捉襟见肘的基本医疗保险统筹基金压力越来越大。2010年全市个人账户配置比例占当年征收基金总额的55%，按照当时征缴比例为8%来算，个人缴费全部划入个人账户，单位缴费的2.2%也进入了个人账户，辛辛苦苦征收成果又配还给了参保人员。③城居保的门诊保障措施效果不佳。原有城居保的门诊保障措施主要是保小病，不设起付线，每人每年200—250元门诊费用封顶。这种撒胡椒面的做法，虽做到人人受益，家家普惠，但却无济于真正患病，尤其是需要长期治疗的人员，且管理成本高，实质上浪费了大量统筹基金。

个人账户和城居保的门诊保障政策，都没有实现对门诊高额费用的保障。门诊保障的经费都不能互助共济，参保人在出现高额门诊费用时，使用完自己本年度的费用限额（个人账户的费用或200元的封顶线），只能自费。导致能在门诊解决的常见病、多发病，参保人员为了能享受医保待遇，想方设法挤进住院，定点医院为了抓效益，想方设法放宽入院指征，小病大治，导致住院率逐年攀升，医疗费用居高不下。

2012年，荆门市调整了个人账户的政策。一是提高了筹资费率，在不增加个人缴费的前提下，提高用人单位缴费费率2个百分点，第四档的筹资费率由8%提高到10%。二是，减少对个人账户的配置资金。将单位缴费划入在职职工个人账户的配置比例从20%调整为10%，退休人员个人账户不再与养老金挂钩，统一按照每人每月100元的定额配置退休人员的个人账户。三是，扩大个人账户使用范围。个人账户除了可以支付本人和家庭成员自负医疗费用外，还可以用于缴纳职工本人的基本医疗保险费，既拓展了个人账户的使用效能，又增强了参保人员的节约意识。通过这样的调整，2013年基本医疗保险运行数据显示，全市职工医保缴费收入68841万元，划入职工及退休人员个人账户25698万元，占比为37.3%。个人账户规模控制在基本医疗保险保险费总收入的40%以内，较原55%下降了15%以上。能够实现互助共济的统筹基金所占比例上升，为实行门诊统筹提供了资金保证。

6.1.2 调整后的门诊统筹政策

2014 年，荆门市正式启动了基本医疗保险门诊统筹。无论职工医保，还是城镇居民医保，不单独筹资，参保人员在定点门诊医疗机构发生的门诊医疗费用，按住院的相关规定由统筹基金支付，即超过起付标准以上的部分，根据其缴费档次按相应比例报销。

6.1.2.1 门诊起付线低于住院

2013 年出台的普通门诊统筹政策中，起付标准原则上控制在本市上年度在岗职工年平均工资的 10% 左右，不同等级的定点医疗机构，确定不同的起付标准。

2016 年为了进一步鼓励患者在门诊治疗，微调了门诊统筹的政策。一是降低门诊统筹的起付线。门诊统筹基金的起付标准从与本定点医疗机构住院起付线相同调整为住院统筹基金起付标准的 50%，实行基本药物制度的医疗机构的起付标准由县根据当地实际情况提出调整意见。超过起付线部分，统筹基金按照定点机构的住院费用标准报销。二是住院和门诊的起付线以下已付费用可以相互冲抵，进一步降低患者从住院转入门诊报销的门槛。参保患者在门诊治疗期间因病情发生变化确需转本医疗机构或其他医疗机构住院治疗的，个人承担的门诊统筹起付标准冲抵部分住院统筹基金起付标准；病情稳定后转入门诊继续治疗时，不再承担门诊统筹基金起付标准。

6.1.2.2 报销比例与住院相同

荆门市门诊统筹并不单独另外筹资，与住院服务享受相同待遇，针对不同档缴费人群有不同的报销比例。缴费人群在定点医疗机构发生符合规定的门诊医疗费用，超过起付标准以上的，甲类药品、诊疗项目和基本医疗服务设施等医疗费用，第一档缴费人员统筹基金支付 70%，第二档缴费人员统筹基金支付 80%；乙类药品、检查和治疗等医疗费用，第一档缴费人群统筹基金支付 50%，第二档缴费人群统筹基金支付 60%；1 万元以内的特殊医用材料和人工器官，第一类缴费人群统筹基金支付 50%，第二类缴费人群统筹基金支付 60%；1 万元以上的特殊医用材料和人工器官，第一类缴费人群统筹基金支付 40%，第二类缴费人群统筹基金支付 50%。在乡镇卫生院、一级医疗机构及社区卫生服务机构发生符合规定的医疗费用，统筹基金支付比例分别提高10%。

第四档缴费人群在定点医疗机构发生符合规定的门诊医疗费用，超过起付标准以上的，甲类药品、诊疗项目和基本医疗服务设施等医疗费用支付90%；乙类药品、检查和治疗等医疗费用支付80%；特殊医用材料和人工器官统一以终端单价为标准，1万元以内的支付80%，1万元以上的支付70%，3万元以上的支付60%。在乡镇卫生院、一级医疗机构及社区卫生服务机构发生符合规定的医疗费用，统筹基金支付比例分别提高5%。第三档报销待遇同第四档。

6.1.2.3 最初实行基层首诊，后来取消

2014年，要求实行定点首诊。参保人员自愿选择1家定点的基层医疗机构，作为本人当年普通门诊就医的首诊定点机构。参保人员持本人社会保障卡结算首次门诊医疗费用时，即办理个人定点门诊就医手续。门诊定点医疗机构一经选定，在1个社会保险年度内原则上不予变更。但参保人员在年度内发生户口迁移、居住地变化、变动工作单位或因门诊定点机构资格变化等情形，可到医保经办机构办理变更手续。原则上将门诊定点医疗机构控制在基层医疗卫生机构和惠民医院，主要为实施基本药物制度的社区卫生服务中心、乡镇卫生院、一级医疗机构和惠民医院等。希望能够充分运用基层平台、基本药物、基本价格、提供基本医疗，减少统筹基金支出。参保人员在非签约医疗机构就医的，不享受门诊统筹报销待遇。医保经办机构与医疗机构按规定签订门诊服务协议，将签约人数、均次费用、平均门诊治疗天数、个人负担及辅助检查阳性率等指标纳入协议管理的内容，实行年度考核。

2016年，荆门市发布了《市人力资源和社会保障局关于调整基本医疗保险门诊统筹有关政策的通知》，取消了个人定点门诊就医年度签约管理办法，参保人员可以在门诊定点医疗机构内自由选择门诊就医。定点医疗机构包括基层医疗机构和二级医院，三级医院不能取得门诊定点资格。

6.1.2.4 部分病种实行单病种限费

为了减少不必要的住院，鼓励参保者在门诊解决医疗问题，荆门市对肺炎、泌尿系结石碎石治疗、泌尿系感染、消化性溃疡、急性感染性结膜炎、

急性中耳炎、慢性盆腔炎、滑膜炎、前庭神经炎、痛风、腰椎间盘突出保守治疗、面神经麻痹、颈椎病、牙髓炎、智齿冠周炎等 15 种疾病和治疗方式，在定点门诊医疗机构施治时，不设统筹基金起付标准，限额以内的医疗费用直接由统筹基金按一档 70%、二档 80%、三四档 90% 的比例支付。与医疗机构结算时，对治疗周期内的医疗费用实行限额管理，具体限额标准由医保经办机构与定点医疗机构协商确定，并纳入定点服务协议内容。

6.1.2.5 统筹基金对门诊定点医疗机构实行总额预算

参保人员门诊就医所需医疗费用，属于个人支付的部分，由参保人员使用门诊个人账户或现金即时结算；属于统筹基金支付的部分，门诊定点医疗机构先予记账，由医保经办机构与门诊定点机构按协议定期结算。

荆门市医保经办机构在对大量历史数据进行综合分析、测算的基础上，与门诊定点机构进行平等协商、反复谈判，对应由统筹基金支付的门诊医疗费用，实行总额预付。这个总额包含在当年住院医疗费用统筹基金预算支出定额内，定点医疗机构可调剂使用，在充分满足参保人员门诊医疗需求的前提下，超支不补，结余奖励，引导医疗机构自我加强管理，主动控制费用。例如，2014 年市康复医院从市本级基金分得的年住院定额 500 万元，基金不再单独划拨门诊定额，而是直接从住院定额分解 50 万元作为门诊统筹定额总量。

2015 年进一步细化了对医疗机构门诊总额控制的结算规则。门诊统筹基金年度预付总额，从当年住院统筹基金年度预付总额中按照 5%—30% 划拨。定点医疗机构当年门诊统筹费用支出超过其年度定额时，可从住院统筹基金年度定额结余中支付；当年门诊统筹年度定额有结余时，不能用于支付住院统筹费用。

6.1.2.6 保留特殊病、慢性病门诊保障政策

2013 年实行普通门诊统筹后，特殊慢性病门诊政策仍然保留，进行了细化。分为特殊慢性病门诊治疗（不设起付线，由统筹基金按比例支付）、器官移植术后抗排异门诊治疗（对患者的门诊抗排异治疗费用每月定额补贴 2000 元）和特殊慢性病购药（对糖尿病、高血压患者每月制定购药定额，定额内的药品费用按照一档 70%、二档 80%、三四档 90% 的比例报销）。

6.1.3 城镇职工保险门诊统筹的政策总结

6.1.3.1 资金来源于统筹基金和个人账户

门诊统筹的资金来源于个人和单位的缴费。2012 年建立门诊统筹，提高了单位缴费的比例，单位缴费从以前的职工工资总额 8% 提高到 10% 缴费。实行门诊统筹，还减少了个人账户的资金配置。单位缴费划入在职职工个人账户的配置比例从 20% 降为 10%，退休人员个人账户不再与养老金挂钩，统一按照每人每月 100 元的定额配置退休人员的个人账户。

6.1.3.2 与住院服务支付待遇几乎一样

由于荆门市不是市级统筹，具体支付标准由县级经办部门制定，从市级指导文件看，门诊统筹的保障待遇目前与住院待遇几乎一样。

2014 年制度建立之初，要求基层首诊，当时基层就诊不设起付线。2015 年取消基层首诊，纳入门诊统筹定点服务的二级医疗机构及专科医院，其基本医疗保险门诊医疗费用统筹基金起付标准为 400 元。当时住院起付标准为三级医疗机构 1000 元，二级医疗机构 600 元，一级医疗机构、乡镇卫生院及社区卫生服务中心等其他医疗机构 200 元。2016 年微调政策，进一步降低了门诊起付标准，定为就诊的定点医疗机构住院起付标准的 50%，即二级机构降为 300 元。

第三、四档缴费人群等同城职保，其报销待遇是：在定点医疗机构发生符合规定的门诊医疗费用，超过起付标准以上的，甲类药品、诊疗项目和基本医疗服务设施等医疗费用支付 90%；乙类药品、检查和治疗等医疗费用支付 80%；特殊医用材料和人工器官统一以终端单价为标准，1 万元以内的支付 80%，1 万元以上的支付 70%，3 万元以上的支付 60%。在乡镇卫生院、一级医疗机构及社区卫生服务机构发生符合规定的医疗费用，统筹基金支付比例分别提高 5%。该报销待遇与住院报销待遇相同。

6.1.3.3 对门诊定点医疗机构实行总额预算支付方式

参保人员门诊就医所需医疗费用，属于个人支付的部分，由参保人员使用门诊个人账户或现金即时结算；属于统筹基金支付的部分，门诊定点医疗机构先予记账，由医保经办机构与门诊定点机构按协议定期结算。

6.1.3.4 无奈取消基层首诊，允许自由就诊

2014 年门诊统筹第一年实施时，要求参保人实行定点基层首诊。参保人员自愿选择 1 家定点的基层医疗机构，作为本人当年普通门诊就医的首诊定点机构。参保人员持本人社会保障卡结算首次门诊医疗费用时，即办理个人定点门诊就医手续。门诊定点医疗机构一经选定，在 1 个社会保险年度内原则上不予变更。但参保人员在年度内发生户口迁移、居住地变化、变动工作单位或因门诊定点机构资格变化等情形，可到医保经办机构办理变更手续。原则上将门诊定点医疗机构控制在基层医疗卫生机构和惠民医院，主要为实施基本药物制度的社区卫生服务中心、乡镇卫生院、一级医疗机构和惠民医院等。参保人员在非签约医疗机构就医的，不享受门诊统筹报销待遇。医保经办机构与医疗机构按规定签订门诊服务协议，将签约人数、均次费用、平均门诊治疗天数、个人负担及辅助检查阳性率等指标纳入协议管理的内容，实行年度考核。

2016 年，荆门市发布了《市人力资源和社会保障局关于调整基本医疗保险门诊统筹有关政策的通知》，取消了个人定点门诊就医年度签约管理办法，参保人员可以在门诊定点医疗机构内自由选择门诊就医。定点医疗机构包括基层医疗机构和二级医院，三级医院不能取得门诊定点资格。

6.1.3.5 补充制度

部分病种实行单病种限费。为了减少不必要的住院，鼓励参保者在门诊解决医疗问题，荆门市对肺炎、泌尿系结石碎石治疗、泌尿系感染、消化性溃疡、急性感染性结膜炎、急性中耳炎、慢性盆腔炎、滑膜炎、前庭神经炎、痛风、腰椎间盘突出保守治疗、面神经麻痹、颈椎病、牙髓炎、智齿冠周炎等 15 种疾病和治疗方式，在定点门诊医疗机构施治时，不设统筹基金起付标准，限额以内的医疗费用直接由统筹基金按一档 70%、二档 80%、三四档 90% 的比例支付。

保留了特殊慢性病门诊政策，进行了细化。分为特殊慢性病门诊治疗（不设起付线，由统筹基金按比例支付）、器官移植术后抗排异门诊治疗（对患者的门诊抗排异治疗费用每月定额补贴 2000 元）和特殊慢性病购药（对糖尿病、高血压患者每月制定购药定额，定额内的药品费用按照一档 70%、二档 80%、三四档 90% 的比例报销）。

6.2 荆门市门诊统筹改革中的效果和经验

通过对荆门市门诊保障制度沿革的梳理，我们清晰看出该地先后出现个人账户、门诊大病病种保障和门诊大病费用保障三种保障模式，最终实行与住院报销待遇相同的普通门诊统筹制度，从发展趋势看，将来普通门诊统筹会完全采取门诊大病保险模式。

从实施的效果看，2014 年荆门市有 87974 人次享受门诊统筹待遇，医保基金支付 732 万元。其中职工门诊统筹基金报销比例达 70%、居民医保基金报销比例达 62%。实施门诊统筹，虽然统筹基金支出项目增多了，但随着住院率的下降，基金实际支出总量减少了。2013 年，门诊加上住院，统筹基金共支出 3.61 亿元，较 2012 年同期的 3.92 亿元减少了 3100 万元。全市平均住院率（包括职工和居民）为 7.3%，较上年同期的 8.6% 下降 1.3%。

6.2.1 有明确的实行门诊统筹的理念和思路

荆门市医保经办部门对门诊统筹制度的设计思路非常清晰。一是门诊统筹应该是管理门诊大病费用，既利于解决参保者的困难，又减少管理成本，还节省了统筹基金。因此，将以往人人普惠但保障程度不高的门诊保障制度取消，改为门诊大病费用保障。二是充分认识到门诊统筹比住院治疗大大节省统筹基金，坚定的推门诊大病费用保障，让门诊统筹与住院报销享受同等待遇，要求医疗机构减少住院预算、增加门诊预算，都是采取各种措施激励供方和需方减少住院服务、增加门诊服务。明确了对门诊统筹的认识，医保经办机构便目标明确的进行制度设计，多年的政策沿革充分体现了这些理念的贯彻。

6.2.2 处理好了个人账户和统筹基金的联系

门诊统筹的实施需要统筹基金具备一定的实力。早期个人账户保门诊的设计给各地的医保管理带来了一些困扰，大量个人账户资金沉积不能使用，而能用于互助共济的统筹基金份额被挤占，辛苦收缴的医保费用有一部分完全没有发挥保险的作用，荆门市较早出现了这个负面影响。门诊账户和普通门诊统筹在保障功能上有所重复，都用于保障门诊疾病。荆门市实行门诊统筹，处理个人账户与门诊统筹的关系。一是增加门诊统筹的筹资，减少个人账户的资金配给，保证门诊统筹制度的资金能力。二是在保障功能上，确定了以门诊统筹作为将来主要的门诊保障方式，个人账户为补充的方向，在建立统一的社会医疗保险制度后，缴费多的人群有个人账户，用于支付门诊统筹中个人自付的部分，有利于各缴费人群的待遇公平。通过政策调整，不断减少划入个人账户的比例，保证统筹基金所占份额，才有实行门诊统筹的物质基础。

荆门市慢慢弱化个人账户的作用，并通过扩大个人账户的用途促使参保人谨慎使用个人账户资金的做法，值得其他地区借鉴。门诊统筹管理的难点在于以前有个人账户的城职保参保人，处理好个人账户和门诊统筹的关系利于制度的推进。城职保参保人群习惯于个人账户保障门诊，对于门诊费用不高的大部分职工来说，门诊保障待遇已经非常高。转为门诊统筹后，加大了就诊定点机构和服务的约束，在一定程度上降低了门诊保障待遇。减少个人账户所占比重，既增加了门诊统筹可支配的资金，又减少了城职保参保人群对门诊保障的心理预期，门诊统筹在制度推行中，来自需方的阻力较小。

6.2.3 对医疗机构实行门诊和住院共同的总额预算管理

荆门市的门诊统筹待遇与住院报销待遇相同，其待遇水平之高是在全国非常少见的。主要原因是荆门市医保经办部门对门诊统筹举办的目的明确，就是为了减少住院。他们充分认识到门诊统筹比住院治疗大大节省统筹基金，坚定的推门诊统筹，让门诊统筹与住院报销享受同等待遇，吸引参保人主动选择门诊治疗，要求医疗机构减少住院预算、增加门诊预算，都是采取各种措施激励供方和需方减少住院服务、增加门诊服务。

6.2.4 对医疗机构的门诊统筹支付实行总额预算

很多地区对门诊统筹实施力度有所保留，因为担心门诊统筹实施会加大统筹基金的风险。荆门市将门诊统筹提高到与住院同样高的报销待遇而不担心统筹基金入不敷出，与该地对医疗机构采取总额预算相关。门诊统筹待遇高，医疗保险基金安全是最大的问题，经办机构将门诊统筹支付待遇高而导致的基金风险通过总额控制转移给医疗机构。在实行门诊统筹之前，医保基金对各医疗机构的住院报销实行总额预算。实行门诊统筹之后，医保经办机构仍旧与医疗机构签订总额预算协议，总额的分配方式与往年一样，但要求医疗机构从总预算中分出固定比例用于门诊统筹。医保基金并没有额外新增门诊统筹基金支出，实际是从各医疗机构的住院总额中分出一部分做门诊统筹，门诊统筹的资金压力分担给了医疗机构，医疗机构必须控制门诊统筹和住院报销的总量。

由于患者门诊就诊支出低于住院支出，医院有总预算的压力，也有了控制总费用的动力，尽量将门诊大病患者安排在门诊就诊。医保经办机构还要求医疗机构门诊统筹费用支出超过其年度定额时，可从住院统筹基金年度定额结余中支付；当年门诊统筹年度定额有结余时，不能用于支付住院统筹费用。通过这个措施，进一步促使医疗机构的预算总额从住院逐渐向门诊转移。医院出于自身控制费用的需要，促使医疗机构主动将病人留在门诊治疗，降低住院率。

6.3 荆门市门诊统筹需要完善的方面

6.3.1 加强对参保人门诊服务的管理

荆门市普通门诊统筹 2014 年开始实行的是基层医疗机构定点签约服务，基层首诊。2016 年取消了定点签约服务，改为患者可以在定点的一、二级医疗机构自由选择门诊服务。从服务管理上看，似乎有所倒退，其实无奈的选择。基层医疗机构的服务能力有限，一方面实行基本药物制度后，基层服务大大受限；另一方面，当地政府对基层机构的财政补偿并未完全到位，机构主要依靠服务收入，实施基本药物制度后，医生收入下降，人才流失严重。对于医保机构来说，过于逐利的基层医疗机构并不好管理，会钻政策的空子。而患者对其服务不满意，将所有的门诊服务通过医保制度强行限制在基层医疗服务机构，而基层医疗机构的服务不能满足参保者的门诊需求，满意度低，给推行门诊统筹制度造成障碍，医保经办机构最终放弃了基层定点的努力，被迫取消了强制基层首诊的制度安排。目前的门诊统筹制度中，医疗保险机构对门诊服务的管理措施较少，主要通过总额控制以期促使医疗机构自我管理医疗行为。

6.3.2 加强调整医疗资源既有的不平衡

荆门市医保经办机构将门诊统筹与住院报销采取同样的管理方式，实行按比例报销和总额预算。虽然很好地控制了统筹基金的支出，并将一部分不合理的住院需求调整到门诊服务，但较少探索对医疗服务管理。允许患者自由就诊，患者都倾向于向高一级的医院流动，大量的门诊大病患者流动到二级医疗机构，医疗机构根据医保分配的总额安排其住院、门诊服务。医保主要承担了分担风险、报销费用的职能，没能对现有的不合理资源配置进行调整，反而进一步使得资源向高级医院流动。医疗服务体系基层弱化、向大医院集中，从长远来看，一定会影响到统筹基金的安全。

6.3.3 处理好慢性病门诊与普通门诊统筹的关系

慢性病门诊制度曾经是与个人账户保门诊相衔接的门诊大病病种保障，在实行普通门诊统筹之后，慢性病门诊的功能能够被取代，在患者缺乏管理的情况下，患者可以在两个制度中都享受服务，既不利于门诊统筹健康发展，又没有发挥到慢性病管理的职能，目前已经沦为单纯开药的制度，医保基金在慢性病门诊中的资金使用效用不高。

通过对荆门市门诊统筹制度及其实施的调研，认为医保经办机构在制度设计上有思想、有措施，还有较好的信息系统保障，能够完成医保互助共济、服务监督、保障基金安全的功能。当地的医保机构可以更进一步，设计医保制度以调配卫生资源、优化卫生服务体系。在门诊统筹上可以进一步探索多种医疗保险支付方式，例如通过按人头付费加强对医疗需求方的管理。医保机构还需要和卫生机构合作，相互配合将资源留在基层医疗机构，例如将慢性病管理和慢性病门诊保障结合起来，让这些患者长期留在基层监控慢性病，而不要只是到高级医院去开药，对需方和供方都有益，同时还能使资源逐渐向下流动。荆门市医保经办机构还需要进一步探索，控制大医院，调动基层，让医保基金发挥更大的功效。

第七章　上海市长宁区门诊统筹实践

上海市医疗保险制度从建立之初，遵循“统账结合”的模式，一直没有较大的制度变化。门诊统筹是作为“统账结合”之外的附加基金筹资并运行的。上海市长宁区的门诊保障特点是社区卫生服务自身的服务能力较强，有能力提供参保人的门诊服务，这个条件在很多地区是无法达到的。由于医疗保险制度没有主动深入安排门诊保障的服务制度，社区医疗机构还是需要与当地的大医院直接竞争门诊服务的需求，在直接竞争中仍旧存在着劣势。通过对当地实践的观察，发现医保基金以购买服务为主，在政策制定中没有考虑主动发挥配置资源的作用，社区家庭医生签约服务的推动力不足。

7.1 上海市门诊统筹的做法

7.1.1 门诊统筹单独筹资

上海市门诊统筹基金称为附加医疗保险基金（简称“附加基金”）。用人单位的缴费基数为本单位职工缴费基数之和，用人单位按照其缴费基数 9%的比例缴纳基本医疗保险费，并按照其缴费基数 2% 的比例缴纳地方附加医疗保险费，附加保险基金用于职工的门急诊费用保障。在职职工缴纳的基本医疗保险费全部计入本人的个人医疗账户，用人单位缴纳的基本医疗保险费的30%左右计入个人医疗账户。用人单位缴纳的基本医疗保险费计入个人医疗账户的标准，按照不同年龄段有所区别。

上海市城镇职工基本医疗保险的门急诊费用是与个人账户使用紧密联系的待遇支付，分三段支付，门诊统筹分不同年龄段有不同的待遇。首先用完当年的个人账户资金，然后进入个人自负段（可用历年账户结余资金冲抵），再进入附加基金支付段，具体在职、退休、不同年龄段的支付比例如下表：

表 7-1　上海市城镇职工基本医疗保险门诊支付

人群分类		个人账户段	自负标准	共付段报销比例		
				一级	二级	三级
在职	44 岁以下	个人账户当年计入资金	1500 元	65%	60%	60%
	45 岁至退休			75%	70%	60%
退休	退休至 69 岁	个人账户当年计入资金	700 元	80%	75%	70%
	70 岁以上			85%	80%	75%

在职职工一年内门诊急诊就医或者到定点零售药店配药所发生的费用，先由其个人医疗账户当年计入资金支付。不足部分由个人支付至门急诊自负段标准计 1500 元，超过部分按照下表支付。在职职工发生的门急诊自负段标准部分的医疗费用以及按照本条规定由附加基金支付后其余部分的医疗费用，个人医疗账户有历年结余资金的，先由历年结余资金支付，仍不足支付的，由在职职工自负。退休人员发生的门急诊自负段标准部分的医疗费用以及按照本条规定由附加基金支付后其余部分的医疗费用，个人医疗账户有历年结余资金的，先由历年结余资金支付，仍不足支付的，由退休人员自负。

上海市将重症尿毒症透析治疗、肿瘤放疗、化疗、精神病等七类纳入门诊大病。统筹基金支付在职职工门诊大病费用的 85%，退休职工门诊大病费用的 92%。统筹基金支付家庭病床费用的 80%，其余部分由个人账户历年结余资金支付，不足部分自负。

上海市居民基本医疗保险的门诊医疗费用保险待遇如下表：

表 7-2　上海市居保门诊医疗保险待遇

人员	起付线	基金支付比例
70 岁以上人员	300 元	一级医院 65% 二级医院 55% 三级医院 50%
60 ~ 69 岁人员	300 元	
19 ~ 59 岁人员	1000 元	
中小学生和婴幼儿	300 元	

7.1.2 对医疗机构的结算方式

定点医疗机构对属于附加基金支付的记账医疗费用，每月向指定的区、县医保办结算。市人力资源社会保障局可以采取总额预付结算、服务项目结算、服务单元结算等方式，与定点医疗机构结算医疗费用；超出结算标准的医疗费用，由医疗保险基金与定点医疗机构按照规定分担。按照《上海市基本医疗保险监督管理办法》执行对定点医疗机构的监管。

上海市门诊统筹称为“附加基金”，即可看出门诊统筹是和“统账结合”模式嵌合的一种制度。在不改变以往个人账户和统筹基金的前提下，单独额外筹资，独立运行一种保障门急诊的附加制度。附加保险的制度设计也和个人账户密切相关，定位于个人账户无法解决的门诊费用保障，主要用于门诊高额费用，待遇支付的条件与参保人的个人账户当年金额密切相关。虽是维护了医疗保险制度的稳定性，但未来如需做制度改革，困难将更大。

7.2 上海市长宁区的家庭医生签约服务

卫生计生行政部门主导“收支两条线”管理（财务集中管理），实行公共卫生服务和基本医疗服务的全面预算管理，按服务人口编制公共卫生项目经费预算，从机制上保证了社区公共卫生服务经费的投入。在社区卫生机构方面，提供的基本公共卫生服务实行按项目付费，在绩效考核的基础上落实了内部购买机制，激励社区医务人员积极主动保质保量完成基本公共卫生服务任务。

7.2.1 服务主体从全科医生团队向家庭医生工作室发展

长宁区从 2008 年开始试点普通人群家庭医生签约制度。家庭医生的团队形式也经历了一些变化。最开始长宁区以全科服务团队系统为核心，居民和全科团队签约，没有摆脱专业分工的影子，全科医生和居民没有一对一的服务关系。后来逐渐发展成家庭医生团队，团队中包含家庭医生、护士、助手、公共卫生医师等，目前签约主体的模式正朝着实名制家庭医生工作室转变。

具体到走访的长虹社区卫生服务中心。社区最初与居民签约的是全科团队，由 10 ~ 11 人组成，没有形成与居民的一对一服务关系。从 2013 年开始，由竞聘上岗的家庭医生医护组合与居民签约，组成 16 个医护组合配备到辖区的 16 个居委会分别签约。由于医护组合缺乏团队协作和专业互补，2015 年组建家庭医生工作室与居民签约，一般是由 3 个全科医生、2 个医疗助手和 0.5 个行政助理构成，要求每个家庭医生团队最多签约 2500 个居民。目前，社区 14 名家庭医生共计签约 2.7 万居民，签约率达到总人口数的 40%。

7.2.2 签约服务费激励家庭医生

上海市社区卫生服务中心已经实现收支两条线管理，社区卫生服务中心的人员基本工资和绩效工资由区级财政发放，绩效工资根据人员的职称、学历、工作岗位、工作风险打分，根据分值发放绩效工资。家庭医生工作室每有效签约一名居民每月可获得 10 元签约服务费，由团队长负责这 10 元签约费在工作室内部人员的分配。长虹社区家庭医生工作室内部分配一般是每个医生按照其个人签约人数获得签约费的 70%，工作室医生签约费的 30% 根据助手的表现发放给助手。根据访谈，长虹社区一个中级职称的家庭医生每月基本工资约为 2800 元，绩效工资约为 3000 元，按照一个医生有效签约 1400 位居民来算，全年可获得签约费 117600 元，每月平均可获得签约费 9800 元，家庭医生签约服务大大提高了家庭医生的收入。

长宁区社管中心从信息平台获取签约居民就诊的数据考核家庭医生的有效签约数，有效签约的条件是：与家庭医生签约了的居民社区首诊率达到 50%，家庭医生定点就诊率达到 50%，预约率 60% ~ 70%，履约率 70%。社管中心根据信息平台统计的有效签约人数发放签约费，每个月支付 6 元 / 人，半年考核后支付 2 元 / 人，全年考核后支付 2 元 / 人。

表 7–3　长宁区家庭医生签约服务包的基本服务内容

签约服务	防治一体化预约门诊	社区首诊
全科分诊	双向转诊	下转回访
临终关怀	护理和康复	出院随访
电话咨询	站点咨询	个性化健康评估与指导
健康 / 亚健康人群指导	健康全程照顾	中医治未病服务

家庭医生收入很大部分依赖于居民是否愿意签约以及是否持续签约，签约的付费制度激励家庭医生主动提供优质、个性化的服务，满足签约居民的需求，与居民建立良好的医患关系，长期联系，吸引居民到家庭医生所在的

社区就诊，家庭医生的服务包括健康咨询、营养指导、双向转诊、心理疏导等多元化服务形态，促进家庭医生由以前的治疗疾病向居民健康管理转变。

7.2.3 建立家庭医生便捷转诊

长宁区居民与家庭医生签约，能够享受到方便转诊。签约居民在长宁区任何一家社区卫生服务中心就诊时，根据病情需要，通过家庭医生在信息平台的预约，即可在长宁区内的二三级区属医院获得优先就诊、优先检查、优先住院、挂号费减免等优惠措施。此外，签约居民还可以转诊到区域外与长宁建立协作关系的华东医院、仁济医院、中山医院等三甲医院就诊，也能享受双向转诊的绿色通道。例如，长宁区卫计委与华东医院的签约协议合作整整十年，华东医院对长宁签约居民开通转诊绿色通道，提供了在排队付费、住院安排、诊疗费减免等多方面的优惠措施。

长宁分级诊疗模式主要有三种：一是同仁“1+1+1”协同模式。该模式由仁济医院（三级医疗机构）、区内同仁医院（二级医疗机构）及社区卫生服务中心组成；二是“全科－专科”协同模式。该模式强调纵向医疗资源整合与全面技术合作的社区卫生服务中心（工作室）与华东医院的各专科科室组成；三是“全科－全科”协同模式。该模式由社区卫生服务中心（工作室）与中山医院全科诊室组成。签约居民转至中山全科科室后，再由该科室分转到其他专科科室进行治疗。调查组在仁济医院的随访获知，由于“1+1+1”模式2015年中期才提出，目前该模式的信息平台还未完全对接，正在建设中。

目前，长宁区开始探索区域内外协同模式，不仅限于“1+1+1”模式，落脚点在于对医疗资源的整合利用。例如，长宁区通过对居民需求的排摸发现，居民对上海市第九人民医院的创伤科、第六人民医院的内分泌科、中山医院的心血管科等特色专科有良好的口碑与较大的需求，探索与市级医院的特色专科开展协同转诊，为转诊患者提供更多选择。

7.2.4 家庭医生签约服务相关的支持措施

上海市的家庭医生签约服务能够顺利开展，得益于当地的相关支持政策。①扩大社区基本药物的品种。据医改办赵主任介绍，通过增补目录，上海市社区基本药物的品种远远多于其他地区，达到 844 种，能更好地满足居民的需求。②允许社区慢病长处方。对于一些慢性病病情稳定的患者，只要与家庭医生签约，可以在社区单次配药延长至 1 ~ 2 个月的用量，利于吸引长期服药的慢性病患者签约，也有利于家庭医生预约服务。③社区可备案购买基本药物以外的药品。社区很多慢性病患者是从三级医院获得的服药方案，病情稳定的签约患者到社区配药，如果有超出基本药物目录外的药品，家庭医生可以向社管中心申请备案，社区可以为备案患者少量购买必需药物，使得患者能够留在基层。

根据长宁区卫计委统计，截至 2015 年 12 月底，长宁区家庭医生签约累计 297688 人，签约率达到 45.92%。长宁区家庭医生定点就诊率为 36.01%、社区定点就诊率为 65.61%，预约门诊率为 42.38%。

7.3 上海市长宁区家庭医生制度为医保按人头付费打下基础

7.3.1 为将来医保按人头付费打下了基础

英国的家庭医生制度赋予了家庭医生双重身份，一方面家庭医生是初级卫生保健服务的提供者，另一方面是医疗费用的“守门人”，对医疗服务提供和费用控制负有双重责任。要完全实现家庭医生的功能，必须将家庭医生签约服务和医疗保险按人头付费机制结合起来，也是将来发展的方向。按人头付费能够实施的基础条件之一是有固定的服务人群、良好的医患关系。目前我国的无序就医状况远远达不到要求，家庭医生签约服务让医患关系向这个方向更近一步。在访谈签约居民时，问到“如果今后到其他医院就诊必须先经过家庭医生的同意才行，您是否还愿意签约？”，许多签约居民表示仍旧愿意签约，因为他们已经信任家庭医生。如果家庭医生签约服务做得好，可以为将来医保按人头付费排除障碍。

7.3.2 有效探索了家庭医生和居民一对一服务的模式

上海社区卫生服务的基础极好，基层机构也主动尝试探索吸引参保人基层就诊的家庭医生签约制，有了一定的经验和成效。上海的家庭医生签约服务建立了家庭医生和居民一对一的服务模式，明确了服务主体，居民和医生可以建立起一种长期、稳定的服务关系，避免病人每次就诊不同医生的弊病。长期由一个医生进行诊治和服务，医生对居民的家族史、病情的既往史非常了解，有利于做出正确的、具有针对性的诊断，对慢性病人的病情可以起到更好的控制作用。建立一对一关系后，家庭医生便于向目标人群开展健康咨询和健康教育，注重居民的预防保健服务，通过与签约家庭建立长期稳定的关系，可以共同讨论其生活习惯，帮助或改变家庭成员的不适当生活行为。

家庭医生签约服务使得居民和医生之间形成长期的依存性，居民把家庭医生当作自己的朋友，当居民遇到健康方面的问题，首先想到家庭医生，而不是自己盲目的到医院就医。调研组访谈长宁区长虹社区卫生服务中心服务的居民代表时，问他们在有医疗需求时首先会到哪里就诊，他们都愿意到首先找自己的签约医生就诊，主要因为他们与签约医生建立了感情联系，对家庭医生有信任感。说明，即便目前仍然允许自由就诊，家庭医生已经通过自己的服务将签约居民的部分医疗需求留在了基层。我国正在大力推行基层首诊、分级诊疗，家庭医生签约服务在一定程度上潜移默化的达到了这一政策目标。

7.3.3 有效探索了对基层卫生人员的激励模式

长宁区对签约家庭医生的工作有各项绩效考核，家庭医生的工作量很大。长虹社区卫生服务中心是通过竞聘上岗组建家庭医生工作室，说明基层医务人员对家庭医生很有积极性。究其原因，签约费的收入可以使家庭医生年收入几乎翻倍。签约费这种责任和收益直接对等的奖励方式，比实行收支两条线后社区人员基本工资加绩效工资方式的激励力度更大。有能力的医生认识到家庭医生工作室给自己提供了平台，个人能力发挥的余地更大，有更好的职业前景，他们会主动提供超出绩效考核的服务内容，例如，有的医生还考虑与社会的信息网络联合，给居民提供更好的服务。在医生访谈中发现，由于家庭医生与签约居民之间保持稳定的服务关系，没有提供家庭签约服务的医生业务量下降的情况，必将促使基层医务人员都积极向家庭医生发展。长宁区的家庭医生签约服务为今后探索正向激励基层医务人员提供了一个好的样本。

7.4 上海市长宁区家庭医生制度的缺陷

7.4.1 未充分利用医保基金调整资源配置

从上海门诊统筹的制度设计看，仅有报销比例这一部分对基层医疗机构有倾斜，仅比二、三级医院分别高 5%、10% 的报销比例，对于引导参保人到基层就诊作用微乎其微。参保人可以自由就诊，而参保人对于三级医院的医疗服务消费意愿强。医疗保险制度不加以约束，医疗保险资金跟着参保人更多流向三级医院。门诊统筹制度不做服务管理，特别是上海市已经有非常好的社区服务基础的情况下，没有考虑通过其他措施引导门诊下沉到社区服务机构，未能充分在新制度建立之初就设计利于发挥医保基金资源调配作用的措施，感觉十分可惜。没有通过医保制度调整资源配置，反而进一步固化了卫生资源倒三角的状态。

7.4.2 缺乏家庭医生制度的内涵

发达国家的家庭医生制度是一个制度体系，上海的家庭医生签约服务的内涵远远不够。

一是，英国的家庭医生签约的 2500 个居民里，包括患病人群、健康人群和亚健康人群，费用基于一定的风险测算，同时要求家庭医生有管理费用的责任。相比而言，长宁区家庭医生的内涵太单薄。患者愿意选择家庭医生的便捷服务，将在医院已经稳定的慢性病治疗处方下沉到基层，并能享受慢病长处方。家庭医生的作用更像是将治疗方案已经稳定的慢性病人吸引到基层继续开处方。通过访谈，家庭医生经常会将需要调处方的病人转到上级医院就诊，处方稳定后再转回家庭医生处就诊。可见，家庭医生对于目前就诊结构的改变很有限。

二是，没有体现家庭医生相互竞争，形成内部市场的特点。长宁区虽然将家庭医生作为服务的主体，但家庭医生均是政府办社区卫生服务中心的单位人，社区卫生服务中心由政府收支两条线管理，给实施家庭医生制度带来了机制上的障碍。家庭医生制度是政府在充分发展的家庭医生市场购买优质服务，以满足居民的健康需求，服务主体市场化是其前提条件。但长宁区的家庭医生是社区卫生服务中心的单位人，社区卫生服务中心由政府管理，市场机制几乎对其不起作用，而家庭医生的身份、收入发放、工作安排都由这一政府管理的主体来支配。在同一层面的服务管理上，政府管理的主体控制着市场竞争主体，当然无法实现充分有效的竞争。

三是，上海市长宁区的家庭医生制度主要针对慢性病人群进行签约服务。由于没有医疗保险制度强制门诊首诊的制约，非慢性病患者认识不到基层服务的优势，对基层了解不够，单纯的家庭医生签约服务只能吸引慢性病患者。卫计委要求每个家庭医生签约对象中至少有 60% 的患病人群，政策上实际是将家庭医生服务定位在慢性病管理，虽然每个医生签约 1500 人左右，但都是患病人群和亚健康人群，其工作量远远大于国外的家庭医生。为何主要签约慢性病患者？访谈中获知：一是因为基层全科医生数量还不能满足全人群签约的要求，只能先重点管理患病人群和亚健康人群；二是慢性病人的医疗需求多，容易被家庭医生的便捷服务吸引，健康人群的签约意愿较差。

7.4.3 相关配套措施仍需完善

目前，家庭医生签约服务实施中仍存在着制度冲突，医生和患者都不满意的方面。一是，家庭医生的处方很多是从三级医生下转来的处方，由于基层实行基本药物制度，即便可以备案购买药物，经常出现品种不够、量不足。访谈居民反映最多的问题就是到社区买不到药物，或者是量太少被人买走后，需要等待一段时间，很不方便。二是，上下级医疗机构的协调远远不够。周桥社区卫生服务中心的家庭医生反映每个医生一个月只有 3 个转诊指标，转诊的病人超过数目限制，三级医院便不再提供绿色通道；三级医院给转上去的病人调整用药，基本都会使用社区从未用过的新药，社区提供有困难。三是，卫生局要求家庭医生将药占比控制在 75%，而实际签约对象主要是长期开药的慢性病患者，医生经常会因为药占比超高而惩罚。例如，虹桥社区服务中心的唐瑾医生由于3月份药占比达到82%而被罚款1000元，她觉得这个要求让她们很为难，一方面要迎合签约居民的需要，一方面又要控制用药，医生自身很难以解决这个问题。四是，医疗保险基金没有支出科目来支付签约费。医疗保险支出科目限于支出医疗费用，签约费这一名目从医疗保险基金中支出无门。长宁区是由财政预算差额补助10元签约费，但在其他区县很难达到这样的统一认识。上海市医疗保险基金有意愿在全市范围内统一支付10元签约费，以扶植家庭医生制度，培育市场，却苦于支出无门。

尽管有许多不够完善的地方，但长宁区的家庭医生签约服务仍旧是一个积极的探索。将家庭医生与居民建立长期稳定的关系，给家庭医生提供良好的经济激励，鼓励家庭医生在社区服务中心的平台上发挥自身主观能动性，服务签约居民，为基层提供了留住了人才，才能达到“强基层”，进而以基层卫生为抓手撬动公立医院改革的目的。家庭医生签约服务也初步构建出基层卫生运行的新模式，以家庭医生自主执业为主，和签约费的给付、人员的绩效考核形成一套体系，显示出购买服务的雏形。

第八章　东莞市门诊统筹实践

东莞市是属于门诊统筹政策与社区卫生服务机构发展齐头并进的典范，两者配合较好，效果也很明显。有了门诊统筹强制首诊的规定，增大了社区机构的门诊量，对社区机构人员有激励，促进了社区良性循环的发展；另一方面，社区发展了，参保人对社区服务和门诊受益满意度高，自愿参加门诊统筹人员大大增多，门诊统筹基金总量增大，大大增加了互助共济的能力。但东莞市的门诊统筹是由政府主导的“强基层”措施之一，配合社区卫生服务机构的建设和提高参保人的门诊待遇，指令性计划的成分较重，根据居民居住地或工作地制定定点首诊机构，缺乏市场竞争，需求方完全没有自由选择权。

8.1 普通门诊统筹政策

东莞市医保局合并了城乡居民基本医疗保险和职工基本医疗保险，实行社会基本医疗保险，对全市所有的参保人员都实行门诊统筹政策。

8.1.1 基金筹集与报销待遇

东莞市门诊统筹制度单独筹资、单独成立基金运行。参保范围包括东莞市职工及城乡居民。缴费费率为 1%，以上年度全市职工月平均工资为基数，按月缴纳。市镇财政给予一定的补贴，职工补贴 0.2%，城乡居民补贴 0.5%。

参保人员在选定的门诊就医点发生的基本医疗费，按 70% 核付待遇，不设起付线和封顶线。病情需要的，可转往上级医疗机构，报销比例相应下调 20% 或 35%。[①]

① 张亚林，潘康涛，刘键斌，梁倩君．东莞分级诊疗注重保基本强基层［J］. 中国医疗保险，2015（10）：51—53.

8.1.2 强制社区首诊，由社区管理转诊

社会保险经办机构按属地就近原则在参保地村（社区）辖区内选定一家定点社区卫生服务机构为该区域参保人的社区门诊就医点。属地无定点社区卫生服务机构的，指定相邻的定点社区卫生服务机构作为临时的社区门诊就医点。门诊统筹社区首诊制，所有参保人员按照工作或生活居住地，以就近原则，选定一家社区卫生服务机构作为其首诊就医点。首诊就医点，参保人因户籍迁移、工作单位变更或参保单位迁移等导致参保地变更，其社区门诊就医点随参保地变更。同一自然年度内，参保人可在本镇（街）定点社区卫生服务机构范围内变更一次社区门诊就医点，变更后当年无特殊情况不得再次变更。

参保人在其社区门诊就医点就医，主诊医生可根据病情诊治需要，按照逐级转诊原则为参保人办理转诊，经社区卫生服务机构核准后，可转诊到社区卫生服务中心或镇（街）定点医院门诊部（指该医院本部门诊部）；因病情急需，可直接转诊到定点专科医院门诊部或市内定点三级医院门诊部。转往上级医疗机构，费用报销比例相应下调 20% 或 35%。

8.1.3 医疗机构费用结算按人头付费为基础的年度总额控制

社会保险经办机构与定点社区卫生服务机构按“人头付费、按月核定、年终清算、超支不补”方式结算参保人社区门诊及社区门诊转诊医疗费用。

一是，结算定点社区卫生服务机构的门诊统筹费用。定点社区卫生服务机构社区门诊统筹按人头付费的年度总额，以各定点社区卫生服务中心及其辖区内定点社区卫生服务机构覆盖参保人数及门诊缴费金额为基础，综合考虑风险储备金、上年度综合评价结果、人口负担以及参保险种等情况综合确定。市社会保险经办机构每年根据实际情况，在一定比例内调整各镇（街）定点社区卫生服务机构社区门诊统筹人头包干费用的分配系数。年终清算时，定点社区卫生服务机构实际发生的统筹支付总额少于年度人头包干费用的，结余部分的费用结合综合评价结果按以下办法偿付：①定点社区卫生服务机构综合评价得分≥ 850 分，在该定点社区卫生服务机构年度人头包干费

用 25% 范围内的合理结余部分全额偿付（合理结余部分 = 年度人头包干费用结余费用 ×<综合评价得分 ÷1000>）。实际偿付费用中 50% 以上应作为定点社区卫生服务机构提高参保人医疗服务质量使用，该款项须专款专用，余下部分结转下一年，作为社区卫生服务机构医疗费用补充。②定点社区卫生服务机构综合评价得分< 850 分，年度人头包干费用结余部分不予偿付。

二是，结算定点社区卫生服务机构的转诊费用。医疗机构的各定点医院社区门诊转诊统筹支付年度总额等指标，以各定点医院接收社区门诊转诊的参保人门诊历史数据为基础，结合上年度定点医院综合评价结果、社区门诊统筹基金预算收入、全市总体情况等综合确定。定点门诊部按服务项目方式结算参保人社区门诊转诊医疗费用，属于社区门诊统筹支付的，由市社会保险经办机构定期与定点社区卫生服务中心进行结算。年终清算时，定点医院实际发生的社区门诊转诊统筹支付总额不超过年度总额的，按实际发生的费用结算。制度规定转诊率与定点社区卫生服务机构的医疗保险基金偿付挂钩，督促机构规范转诊。①

8.1.4 特殊病种门诊

对于一些门诊费用较高的病种，实行特定门诊管理。东莞市医保局列出 13 种特殊病种，实行病种费用年度限额管理，按月核定，不跨自然年度使用，从申报之月起核定当年实际支付限额，最高不超过该病种当年剩余月数限额，例如慢性肾功能衰竭（尿毒症晚期）的年度基本医疗费限额标准定为6000 元。参保人同时患有两种以上（含两种）特定门诊疾病时，年度基本医疗费限额以实际支付限额最高的病种为基础，增加 1500 元 / 年，按月核定。经批复享受特定门诊待遇的参保人，可同时选定两家定点医疗机构及一家定点零售药店作为特定门诊选定医药机构。

参保人在其特定门诊选定医药机构就医购药发生的，与其批复的特定门诊病种诊治相关的基本医疗费用，可享受报销 75% 限额标准内的医疗费用，符合退休医疗保险待遇的人员可报销 80% 的限额标准内的医疗费用。

---

① 东莞市人民政府 . 东莞市社会保障局 东莞市卫生局 东莞市财政局社会医疗保险定点医药机构医疗费用结算办法，2014-02.

8.2 东莞市社区门诊的效果和经验

虽然东莞市门诊统筹实施中的行政性管理特征明显，例如为参保人指定定点社区机构。但东莞市用政府能力快速构建了一套完整的有医疗服务管理的较为理想的普通门诊统筹制度，有值得总结的经验。

8.2.1 强制基层首诊取得了较好的资源配置效果

经过多年社区门诊统筹的实施，医保基金资源在各级医疗机构的配置渐趋合理，不断增加向社区机构支付的比例。医保基金在基层医疗机构与三级医院的支付金额占比，2007 年是 32：68，三级医院获得的医保支付份额占大头；从 2008 年推进社区卫生服务体系和社保门诊统筹两项制度以来，发生了明显变化，2009 年调整为 39：61，基层医疗机构提升 7 个百分点；2014 年实现根本性变化，基层与三级医院之比为 59：41，标志着大部分资源留在了基层。

东莞市的社区卫生服务体系在基层首诊的门诊统筹制度的支持下迅速发展。东莞市社区卫生服务机构从启动初期的 326 个，增加至超过 400 个；医护人员总数从 2008 年启动初期的 3600 多人增加至 2014 年底的接近 6000 人，其中全科医生和护士总数从 2008 年的近 1900 人增加至 2014 年底的 3400 多人，全科医生团队增至 2014 年的 350 多支。参保人员年就诊人次由 2009 年的 686 万人次，增至 2014 年的 1819 万人次，年增长率达 21.5%；其中首诊就医点的结算人次从 2009 年的 542 万，增至 2014 年的 1325 万；就诊率从启动初期的 1.4 次 / 人 · 年，提高到 2014 年的 3.1 次 / 人 · 年；机构配备的检查诊疗服务设施不断完善，门诊服务量大幅增长，参保人对社区卫生服务的接受程度不断提高。2014 年社区门诊统筹就诊人次 1819 万，其中首诊就医点就诊人次 1325 万，就诊率 3.1 次 / 人 · 年，参保人员逐渐接受了家门口的就医模式；参保人次均医疗费用分别为社区卫生服务机构 62 元，一级医院 214 元，二级医院 227 元，三级医院 365 元。社区卫生服务机构门诊统筹实际支付比例达到 65%。

东莞市门诊统筹经费向社区配置，只要社区能够提供满意的服务，会对制度产生促进作用。由于东莞市的门诊统筹是自愿参保，无起付线的门诊统筹大大提高了人群的受益率，使更多的老百姓认识到参加基本医疗保险的益处。实施社会基本医疗保险制度的 2007 年，东莞市参保人数是 346.32 万人。到 2015 年 6 月，东莞市门诊统筹参保人员达到 580 万人。说明老百姓通过门诊统筹，实实在在体会到了医保的好处，参保更加积极。

8.2.2 社区卫生机构的医药服务提供能力是顺利实施的基础

东莞市是一个政府强势发展社区的典型，将医保和卫生行政的力量整合形成了合力，社区门诊统筹是发展社区政策的一部分，经过多年的发展，社区服务力量增强，医保人群的满意度才能提高，自愿参加门诊统筹的人群才能增加。东莞市是将社区卫生服务定位为政府的一项公共服务职能，不以营利为目的，由政府承办“政府办、政府管”的社区卫生服务机构。社区卫生机构在体制上属于政府组建的财政全额拨款的公益性事业单位；财务上实行收支两条线管理，经费主要由镇财政供给，市财政给予适当补助。社区门诊统筹也是扶持社区卫生服务体系的手段之一。通过政府资金、医保政策等的强力扶持，原本基础较差的社区卫生服务机构迅速发展。

8.2.3 几乎突破了基本药物制度对社区的限制

社区卫生服务的优势在慢性病管理中尤为突出。而基本药物制度实施，限制了很多地区的社区卫生服务开展慢性病管理，居民不改变用药习惯，只能到大医院去开药。而东莞市为满足参保人员慢病用药需求，对基本药物的应用作了因地制宜的调整：在坚持基本医疗原则基础上，增补治疗高血压、糖尿病等慢性病的社区门诊用药，将其纳入社区门诊统筹用药范围，进一步满足参保人员社区门诊用药需求。经过多次增补，目前东莞纳入社区门诊用药范围的基本药物达 1500 种左右，能够满足参保人员的社区门诊用药需要。

8.2.4 通过门诊统筹结算增加了对基层机构人员的绩效激励

东莞市门诊统筹基金给社区卫生机构结算的首诊服务付费和门诊转诊付费都设定了总额限制。当社区卫生机构保证了参保人的合理基本医疗还产生了总额结余时，机构可以从结余的综合中得到部分偿付金额，允许用于社区卫生服务人员待遇提升和新增医疗设备，医保基金的结算和弥补了“政府办、政府管”机构中存在的“大锅饭”问题，社区人员的实际获得的奖励性绩效并不完全受到人事编制部门设定的工资发放的限制。实际上是突破了基层综合改革关于社区医务人员的绩效激励的限制，变相给社区义务人员额外发放了社区门诊统筹服务的奖励性绩效，提高了人员工作的积极性。

第九章　青岛市门诊统筹实践

青岛市的门诊统筹特点是虽然强制参保人到基层首诊，但其特色是当地的大部分基层医疗服务机构是民营性质的，基层首诊由参保人自主选择签约，行政计划分配的成分较少。医疗保险统筹基金扮演者市场支付者的角色，向市场上提供社区卫生的机构购买服务，当地私营社区服务机构的参与度较高，对医保支付方式的反应灵敏，更愿意提供门诊统筹参保人的门诊服务，门诊统筹制度客观上促进了基层卫生服务市场的竞争，有利于提高参保者的满意度，也有利于降低费用。尽管青岛门诊统筹与社区卫生服务机构的结算以参保者为单位，但没有注重通过支付方式发挥健康管理的作用，而是更多从基金支付方面考虑，对机构实行结余不转，超支不补的策略，不能激励社区卫生服务机构开展健康管理。

9.1 青岛市门诊统筹的做法

青岛市从 2009 年开始试点职工医保门诊统筹，最初采取自愿参保的方式。在制度推行过程中，青岛市的门诊统筹始终坚持普通门诊统筹的形式。

参保职工自愿选择一家定点社区医疗机构签订协议书，就可享受职工医保门诊统筹待遇。最初，采取当月签约扣费、次月享受待遇的原则。职工医保门诊统筹采取个人账户和统筹基金拨款方式进行筹资。2009 年，在职职工每月筹资 18 元，其中个人账户缴纳 8 元，医保统筹基金账户划拨 10 元；退休职工每月筹资 30 元，其中个人账户缴纳 10 元，统筹基金账户划拨 20 元。门诊统筹待遇报销比例为 50%，使用基本药物制度报销比例为 60%。由于是自愿签约参加制度，加之前期的宣传有限，2009 年职工医保门诊统筹制度的签约参加率非常低。

为激励参保职工签约参加门诊统筹，2010 年青岛市人社局调整了门诊统筹筹资金额，在保证月筹资总额不变的基础上，降低了个人账户的缴费金额。其中，在职职工人均月缴费额维持在 18 元，其中个人账户缴纳 4 元，统筹基金划拨 14 元；退休职工人均月缴费额维持在 30 元，其中个人账户缴纳 5 元，统筹基金划拨 25 元。但是，这一改革仍不能有效激励职工医保参保者签约参加门诊统筹。

为更加的激励参保职工参加职工医保门诊统筹，2012 年 4 月，青岛开始全面推行职工医保门诊统筹制度，并将筹资制度改为统一调整职工医保个人账户划入比例，将职工医保参保职工个人账户计入比例下调了 0.3% ~0.5% 直接纳入统筹基金。

2014 年 12 月颁布的《关于进一步完善青岛市基本医疗保险门诊统筹经办管理有关问题的通知》中，青岛市门诊统筹的做法如下：

9.1.1 资金筹集

职工医保门诊统筹制度筹资全部来自基本医保基金划入，参保者不需另外缴费。当前，按在职职工每人每年 260 元，退休职工 420 元标准从职工医保统筹基金划拨。

9.1.2 支付待遇

参保人在定点社区发生的符合门诊统筹支付范围的普通门诊医疗费，由基本医疗保险统筹基金按规定支付。其中，职工医保参保人在定点社区发生的普通门诊医疗费报销 60%，其中，基本药物报销比例提高 10 个百分点，年最高报销 1120 元。参保人在实行基本药物的政府办定点社区签约就诊发生的一般诊疗费，报销比例为 90%，并纳入本人门诊统筹年度最高支付限额。参保人在本人定点社区以外的医疗机构发生的门急诊医疗费，统筹基金不予支付。

9.1.3 与医疗机构按人头限额包干结算

社保经办机构对参保人在定点社区发生的普通门诊医疗费（含一般诊疗费）按照签约人员类别，实行限额包干结算。社保经办机构根据上年度基金运行、签约人员构成以及费用结算情况，每年年初下达包干结算标准。定点社区可调剂使用各类参保人群的年度包干额度。2015 年度职工的包干额度为：

退休职工每人每年420元，在职职工每人每年260元。

经办机构每月拨付费用给定点社区。社区汇总报送的金额在包干额度以内的据实拨付，结余部分可结转下月使用；超过包干额度部分暂不予拨付，月度之间进行调剂。年度结束后，包干额度有结余的，结余部分的50%可结转下年度使用；结转额超过下年度第一个月控制指标3倍的，按实际控制额度3倍结转。

9.1.4 要求社区签约首诊，明确门诊统筹报销范围

参保人必须自主选择一家社区定点医疗机构签约后，方可享受门诊统筹待遇。家庭医生可签约各类参保人，每名家庭医生签约人数不得超过3000人（少年儿童除外）。协议原则上为一年期限。基本医疗保险实行基层医疗机构首诊。签约参保人患病应首先在本人定点社区就诊。除少年儿童和大学生外，参保人因病情需要到上级医院住院治疗的，应由签约家庭医生审核签字，办理转诊登记手续。成年居民未办理转诊住院的，其发生的医疗费用不纳入医保报销。

青岛市确定了门诊统筹报销范围。主要包括475种西药（以通用名计）和338种中成药，另有常用基础诊疗项目74项，查体项目12项。社区机构还可为在年度门诊统筹限额内为签约人每年安排一次基础查体。要优先使用门诊统筹支付范围内的药品和诊疗项目。确需使用范围外药品和诊疗项目的，应先征得患者或其家属同意，并在病历上签字确认。普通门诊每次开药量一般不超过7天，急诊不超过3天，慢性病一次开药量不得超过一个月。

9.2 青岛市门诊统筹的述评

9.2.1 社区首诊有利于医保资金沉入基层

青岛市社保局通过建立医保门诊统筹（含职工和居民），依托社区医疗机构开展门诊统筹的方式，让更多的患者到基层医疗机构就医，这对医保资源配置进行了有效的影响和调整，提高了医保资金的使用效率。如2013年青

岛综合医院门诊次均费用为260元左右，而社区门诊统筹次均费用为75.6元。这在一定程度上缓解了医疗资源配置的不均衡，引导资源向社区流动，促进形成“大病进医院，小病进社区”的就医格局。

9.2.2 普通门诊统筹需要处理好与个人账户的关系

普通门诊统筹与个人账户有功能重复，两者有一定的替代性。青岛市由于是自愿参保，其筹资过程调整对此表现非常明显。青岛市最初实行职工医保门诊统筹个人账户和统筹基金拨款方式进行筹资，参加签约率很低。为了激励职工签约参加门诊统筹，经办机构下调了筹资金额，降低个人账户的缴费金额，由8元降低到4元，但是仍不能有效激励职工签约。2012年4月，青岛开始全面推行职工医保门诊统筹制度，并将筹资制度改为统一调整职工医保个人账户划入比例，将职工医保参保职工个人账户计入比例下调了0.3%—0.5%，直接纳入统筹基金。统筹基金中划拨资金用于门诊统筹筹资，不再由个人缴纳费用。这种改变直接降低了个人账户的比例，个人当年门诊个人账户的支付限额直接降低，并有利于让参保人明确制度发展的趋势，反而刺激了职工签约的意愿。从2012年降低个人账户计入比例之后，职工医保门诊统筹签约率从2011年的5.6%上涨到2014年上半年的45%。

9.2.3 参保人选择签约机构有利于医疗市场正常运行

青岛市民营社区卫生服务机构比其他地方所占比例高是其一大特点，门诊统筹制度允许参保人自由选择签约机构，给了民营社区机构参与家庭医生签约的竞争资格。

与其他城市相比，青岛市职工医保门诊统筹最大的特点是定点社区医疗机构中私营医疗机构的比重较高。这一特点使青岛职工医保门诊统筹制度，并没有遭遇其他以公立医疗机构为主地区的困境。私营医疗机构对医保通过支付政策调整传递的经济激励可以有效反映，使青岛医保经办机构能够通过付费方式有效调整社区医疗机构行为。这是青岛职工医保门诊统筹制度有效运行的一个重要原因。

9.2.4 结余返还的结算方式不利于调动社区服务的主动性

青岛市职工医保门诊统筹对社区医疗机构实行限额包干管理，对于单个社区医疗机构的包干限额由其签约的参保人数及其个人包干费用加总获得。其中，在职职工为人均 260 元每年，退休职工为人均 420 元每年。

与按人头付费相比，这一限额包干方式的最大问题是结余不转，也即社区医疗机构要在年末将未使用的包干资金返还给医保基金，2015 年开始将结余的 50% 转入医疗机构下一年度的额度里，但机构并不能从其结余的资金中获利。这使得个人定额包干与按人头付费尽管形式上类似，但由于对于结余资金的处置不同，而不具备按人头付费方式激励社区医疗机构主动通过各种方式节省医疗费用的功能。青岛市的职工医保门诊统筹历年包干结余率不断下降，从 2009 年的 42.2% 下降到 2014 年上半年的 13.32%。职工医保门诊统筹次均费用不断上涨，2009 年次均费用为 56.13 元，到 2014 年上半年这一数字上涨到 81.42 元。

第十章　杭州市门诊统筹实践

本章重点了解的是杭州市城镇职工基本医疗保险的门诊统筹实践，从目前的门诊统筹时间看，杭州市并没有太多的门诊统筹方面的特色政策，其政策实施和国家的基本政策十分类似，在支付方式上也主要是按项目付费。不过在这次调研中，我们对于杭州市的制度设计的过程有了深刻的了解，也认识周围的环境会影响到制度的变化，改革制度的成本相当高。

10.1 杭州市门诊医疗保障制度沿革

此次调研中很难得的是，杭州市医保局徐玮局长向我们介绍了杭州市基本医疗保障制度沿革和门诊统筹制度的变化动因。

杭州市 2001 年开始建立城镇职工基本医疗保险制度，当时建立的是个人账户和统筹基金相结合的板块式以保障住院为主的保险制度。2003 年开始，将机关事业单位人员和灵活就业人员纳入了城镇职工基本医疗保险。机关事业人员以前参加公费医疗，保障待遇较高，于是对机关事业单位人员采取工资水平 22% 的筹资水平，延续了他们以前公费医疗的门诊保障机制，可以自由就医，按比例报销。也是在 2003 年，由于企业职工以前单位门诊待遇，企业为职工报销门诊费用 30% ~100% 不等，加入城职保后反而没有门诊待遇，退休职工到市委市政府静坐请愿。于是对企业退休职工设置了门诊保障待遇，但提高了企业将退休职工交割给社保的筹资标准，每个退休职工交割给社保时，企业缴纳 2000 元启动费，退休职工的筹资比例按照在职职工工资总数增加 3%，当时企业为在职职工的筹资比例是 7%，个人 2%。

企业退休职工门诊统筹建立之初，考虑到基金风险，实行的门诊首诊定点制度。退休人员必须到首诊医疗机构就诊，首诊转到其他医院发生的医疗费用，到定点医疗机构报销，医保对定点医疗机构实行按人头付费制度，由定点医疗机构包干定点参保人的所有门诊费用。

2007 年开始，杭州市将新农合和医疗救助都移交给社会医疗保险机构，发布了杭州市基本医疗保障办法，以市委的名义下发，以“城乡统筹、全民覆盖、一视同仁、分类享受”为原则，建立了城镇职工基本医疗保险和城乡居民基本医疗保险制度，还建立了大病医疗保险制度，如果个人负担过重，实行医疗救助，所有的医疗费用实行一站式实时结算。

从 2007 年制度合并后，建立了针对所有人群的普通门诊统筹制度，提高了筹资比例。企业在职职工个人筹资 2%，企业筹资 11.5%，企业为退休人员筹资比例为 14.5%，取消了企业退休人员 2000 元的启动资金。当时企业职工还是沿用了定点医疗模式，在 2008 年开始实行两家定点医疗保险机构的做法，企业参保人员最多只能选择一家大医院作为定点机构，也就是最多选择“一家大医院一家社区机构”，实行按人头付费，对大医院和社区医院给予不同的人头费标准。

由于机关事业单位人员一直是自由就医，企业人员感觉在同一个制度下，自己定点就医不公平，在市委市政府请愿，于是从 2009 年开始，取消了门诊统筹定点就医的规定，全部参保人都可以门诊自由就医。经过多年的发展，形成了目前的杭州市门诊统筹制度。

10.2 杭州市的门诊统筹制度设计

杭州市对城镇职工医疗保险和城乡居民医疗保险都设立了门诊统筹制度。

10.2.1 费用筹集

参加城职保的人员，在职职工以本人上年度月平均工资为缴费基数，按 2% 的比例缴纳职工医保费，用人单位以当月全部职工工资总额作为缴费基数（以下简称单位缴费基数），按 10.5% 的比例按月缴纳职工医保费。对于在职职工，45 周岁（含）以下的按本人缴费基数的 2.5%（含个人缴纳的 2%），45 周岁以上至退休前的按本人缴费基数的 2.8%（含个人缴纳的 2%），按月从职工医保费中划入其个人账户当年资金。对于退休人员，其上年度基本养老金低于上年度省平工资的以上年度省平均工资为基数，高于上年度省平工资的以本人上年度基本养老金为基数，70 周岁（含）以下的按基数的 5.8%、70 周岁以上的按基数的 6.8%，按月从职工医保费中划入其个人账户当年资金。

城乡居民保险筹资分为两档。一档医保费为每人每年1800元，其中个人缴纳600元，其余部分由政府补贴；二档医保费为每人每年1200元，其中个人缴纳400元，其余部分由政府补贴。少年儿童的医保费为每人每年650元，其中个人缴纳250元，其余部分由政府补贴。大学生的医保费为每人每年240元，其中个人缴纳60元，其余部分由政府补贴。城乡居保参保人不设立个人账户。

对筹集的统筹基金分配，将基金的6%用于住院，5.5%用于门诊统筹，基金分开运行。

10.2.2 参保人的普通门诊统筹待遇

在一个结算年度内，参保人员发生的符合医保开支范围的普通门诊医疗费按以下规定结算：

10.2.2.1 城职保参保人的普通门诊统筹待遇

先由个人账户当年资金支付，个人账户当年资金不足支付的，由个人承担一个门诊起付标准，在职人员门诊起付标准为1000元，退休人员门诊起付标准为300元。门诊起付标准以上部分医疗费，由职工医保统筹基金和个人共同承担，职工医保统筹基金承担的比例为：在三级医疗机构发生的医疗费，在职人员76%，退休人员82%；在其他医疗机构发生的医疗费，在职人员80%，退休人员86%；在社区卫生服务机构发生的医疗费，在职人员86%，退休人员92%。选择全科医生签约服务的参保人员，其在签约的社区卫生服务机构门诊就医的，统筹基金承担比例再提高3个百分点。

10.2.2.2 城居保参保人的普通门诊统筹待遇

参保人先承担300元的门诊起付标准的医疗费用。门诊起付标准以上部分医疗费，由统筹基金和个人共同承担。少儿医保、大学生医保和其他城乡居民医保一档参保人员的统筹基金支付比例为：三级医疗机构为40%，其他医疗机构为60%，社区卫生服务机构为70%。其他城乡居民医保二档参保人员的统筹基金支付比例为：三级医疗机构为30%，其他医疗机构为50%，社区卫生服务机构为60%。选择全科医生签约服务的少年儿童和其他城乡居民参保人员，其在签约的社区卫生服务机构门诊就医的，统筹基金承担提高 3 个百分点。参保的少年儿童和其他城乡居民在签约的社区卫生服务机构首诊，或经签约的社区卫生服务机构转诊至其他的医疗机构继续治疗的，门诊医保起付标准减免 300 元。

10.2.3 门诊规定病种保障

杭州市将各类恶性肿瘤、系统性红斑狼疮、血友病、再生障碍性贫血、儿童孤独症、精神分裂症、情感性精神病、艾滋病、耐多药肺结核、慢性肾功能衰竭的透析治疗和器官移植后的抗排异治疗纳入了门诊特殊病种。在一个结算年度内，规定病种门诊医疗费按住院医疗费结算，但不设住院起付标准。

艾滋病、耐多药肺结核实行定点医疗，由市、区卫生计生疾控管理部门集中受理。

10.2.4 医疗机构门诊费用医保结算方式

医保经办机构对医疗机构的住院费用和门诊费用实行总额预算制。年初给定预算额度，医院的门诊和住院预算总额不能相互调整，年终根据医疗机构的实际费用进行决算。虽然不同人群的报销比例有所差别，但对医疗机构用同一个总额预算。医保使用了一个考核公式，即“就诊人头数 × 人次人头比（复诊率）× 次均费用”，用这三个指标来考核医疗机构的行为。就诊人头数使用去年的实际人头数，如果人头数比去年有增加或减少，则按照今年的实际人头数增加或减少决算额。人次人头比和次均费用使用去年结算时的值，且医保机构有计算公式，计算人次人头比和次均费用的合理值，如果超出合理值，意味着医院有分解门诊的行为，会有一定的惩罚。

在设定年初预算时，年初预算即为上一年度的结算金额，医保没有给机构在上一年度的基数上给予增加量，但是年终决算时，医疗机构的预算如果有结余，则医疗机构可以获得结余 20% 的奖励金，如果超出预算，则医保机构只支出超出预算额度的 50%。

杭州市医保的总额预算是软性预算，可以根据实际情况调整。例如 2017

年预算确定后，全市进行了儿科服务价格的调整，省里出台了 36 个谈判药品等，都会导致门诊医疗费用的波动。在年终结算时，医院为自己的费用超支提供书面的申报材料，一些医院不可控因素，医保可以认可（但普通药品价格上调是不能纳入考虑因素的），允许一定程度的费用上涨，弹性管理预算。

此外，医保机构还会对医疗机构进行日常的检查、稽查。检查由计算机根据设定程序辨识，有问题的诊疗行为返回医疗机构核实，稽查是不定期的检查。日常检查稽查的结果也作为年终费用结算的参考指标，结算总额的 5% 暂不支付，如果检查结果不合格，从 5% 的总额里面扣除相应的费用。

10.2.5 与家庭医生签约服务的关系

杭州市家庭医生签约服务由卫计部门管理。家庭医生签约服务费每人每年 120 元，60 岁以下居民个人出资 12 元，财政出资 108 元；60 岁以上全部由财政出资，市财政出资 25%，区财政出资 75%。医保通过提高 3% 的报销比例鼓励参保人找签约的家庭医生就诊。医保也鼓励参保人参加家庭病床，家庭病床单独给建床费，发生的费用按照住院费用报销。

10.3 普通门诊统筹政策实施的效果

杭州市医保经办机构认为在此保障制度框架下，给予参保人待遇较好，报销比例比较高，基本能够解决参保人门诊需要。

从医保基金的角度看，支出控制效果也比较满意。近几年，医保筹资不断下降，原来机关事业单位退休人员筹资比例从 22% 降到 15% 再降到 10.5%，企业退休人员从 11.5% 降低到 10.5%，经过这些年的运行，基金是可承受的。近五年，门诊人均费用支出恒定在 7% 的增幅，认为与经济发展相比较，总额预算对费用支出的控制效果比较好。

10.4 浙江门诊统筹制度调研的启示

此次调研，与政策制定者和实施者座谈，与医务人员一对一访谈，对门诊统筹管理有一定的体会和启发。

10.4.1 与个人账户改造相结合制度设计障碍较少

建立普通门诊统筹制度，必然会考虑与以前主要承担门诊保障功能的个人账户之间的关系。建立普通门诊统筹，扩大了基金的支出范围，但以往承担门诊保障任务的个人账户已经分配了一定的筹资量，因此很多地方首先考虑改造个人账户，减少个人账户的分配比例。杭州市医保部门早期也考虑过减少个人账户的比例，但没有获得上级部门的批准，毕竟个人账户实施多年，担心减少个人账户引发人群反感、社会不安定。为此，杭州市在不对制度做较大改动的情况下，将个人账户作为前段门诊费用的支付方式，通过个人账户－个人自费－统筹基金的通道式制度设计，将个人账户和门诊统筹结合起来，为普通门诊统筹设置一个高起付线，既发挥了个人账户门诊保障的功能，又可以分担门诊费用高人群的费用风险，提高公平性。与个人账户结合的普通门诊统筹，制度实施的障碍较小，又能保证将统筹基金用于重点人群，避免了撒胡椒面的做法，符合保险的原则，对于很多地区是有借鉴意义的。

10.4.2 个人的就诊行为一定需要管理和控制

尽管与个人账户相结合的通道式的门诊统筹基金主要用于重点人群、门诊高费用，大部分的人难以达到统筹基金的起付标准，但是控制医疗费用、管理医疗行为必不可少。杭州市徐玮局长举例，早期对企业退休职工实行门诊基层定点就医，按人头付费的时候，统计显示企业退休职工的门诊费用是自由就诊的机关事业单位人员门诊费用的三分之一。改为两家定点之后，几乎都是选择“一大一小”两个顶点，统计显示企业退休职工的门诊费用是机关事业单位人员门诊费用的三分之二。改为自由就诊之后，尽管机关事业单位退休人员的工资是企业退休人员的两倍多，但是企业退休职工的门诊费用与机关事业单位人员门诊费用相当。可见，医疗行为不加以管理，道德损害的情况会非常严重。为此，即便门诊统筹的门槛较高，也要对医疗利用的行为进行引导、监管。杭州市对参保人到不同级别医疗机构就诊实行差别比例报销，实际效果不明显，对医疗服务提供方实行总额预算制度才是主要的控制手段。

10.4.3 定点医疗服务管理对实施环境的要求较高

杭州市的门诊保障制度变迁中，曾经对一部分人群实施过社区定点医疗服务管理，但是遭到参保人的反对，社会影响也不太好。实行门诊统筹事关大部分城乡人口的大事，受社会关注，特别是在制度设计和实施中需要关注参保人的感受。像当时杭州市对不同人群采取不同的制度，而且是强制一部分人必须到基层就诊，让基层就诊人群感觉不公平，影响到制度的推进。这个教训对其他地方做门诊统筹制度建设都有借鉴意义，门诊定点医疗控制费用的效果好，但参保人却不愿意，需要在两者之间寻找平衡。例如东莞市实行的社区定点就医，不强制要求居民参加，采取自愿原则，其实就是在管理医疗行为和参保人意愿之间寻求平衡。

10.4.4 医疗机构和医保机构之间需要保持合作协商的氛围

两市的医保管理机构对医疗机构的管理理念中，都强调与医疗机构之间是协商合作的关系，从实际调研中，也感觉到这种合作协商的氛围。例如，总额预算额的分配是与各医疗机构协商方案，在年终决算时接受医院的申诉，并考虑医院的特殊情况，实行软性预算，医疗机构也比较配合医保机构的支付方式改革。其实，从医保的角度看，也需要医疗机构的配合才能保证制度的顺利实施。医保部门会在政策制定的各个环节中，考虑医疗机构的想法，征求他们的意见，无论医保是否接受医疗机构的建议，不欠缺工作中的沟通程序，这个经验值得各地关注。

10.4.5 实行普通门诊统筹应该给予基层机构相应的自主能力

任何一个实行门诊统筹地区的医保管理者都希望参保人到社区就诊，无论采取什么样的方式引导社区就诊，提高社区卫生服务机构的服务提供能力是关键因素。杭州市的公立社区卫生服务机构曾经都是实行收支两条线管理，徐玮局长不讳言地说，社区医生对提供家庭病床服务没有足够的积极性，因为基层管理方式不灵活，对社区医生服务提供的激励不够。目前对社区卫生机构的政策几乎都是为机构松绑。一方面，提高社区医生收入中奖励性绩效的比例，给予机构更多的自主分配的权利；另一方面，医生提供家庭医生签约服务的签约费额外给予医生及其团队成员奖励。只有机构根据自身特点制定激励性质的劳动报酬分配，才能调动基层人员的工作积极性，配合门诊保障。

另外，政策上也在帮助社区逐步突破基本药物制度的限制，更多给予基层服务的便利性。例如，浙江省在国家基本药物目录基础上增加了 100 种药物，每个区根据各区情况都可以增加 50 种药物，基本能够满足各区社区卫生机构的使用。杭州市还允许社区机构给 16 个病种的慢性病人开 3 个月的长处方，都是为了增加社区服务机构的服务便利。因此，做好社区卫生服务，是做好门诊统筹的必要条件之一。

第十一章　天津市门诊按人头付费制度调研

天津在我国较早开展了对门诊服务的“按人头支付”，由于是探索性的，主要针对占门诊特病支出比例相当高（60%）的糖尿病开展，从城镇职工保险到城乡居民保险的糖尿病门诊特病支付，这种“按人头支付”方式不断在完善，并成为在门诊保障领域按人头付费方式较成功的探索。

11.1 糖尿病门诊特病按人头付费制度演变

2001 年 11 月，天津市劳动和社会保障局、天津市卫生局联合发布了《天津市城镇职工基本医疗保险门诊特殊病种管理办法》，将糖尿病等七种病种定为首批门诊特殊病（以下简称“门特”）纳入门特管理，其门诊费用由医疗保险住院统筹基金支付。当时的糖尿病患者的门诊特病支付方式：由个人先行垫付，后用人单位统一按季度与社会保险经办机构进行结算。

2008 年 1 月实施的《天津市城镇居民基本医疗保险门诊特殊病种管理办法》中，糖尿病被纳入了城镇居保的门诊特病。经过鉴定满足条件的糖尿病参保者先自付 500 元的起付线金额后，按照住院报销比例和最高支付限额，由统筹基金和个人共担费用。当时批准了 54 家医院办理门诊特殊病联网登记，登记后有 2 年的有效期，期满后需要重新联网登记。

纳入门诊特病后，糖尿病特病的道德损害加重，医疗费用持续性上涨。天津市人力资源与社会保障局的数据显示，在天津市 13 种门诊特殊病鉴定中，2011 年糖尿病门特鉴定人数为 24.5 万，占门特登记人数的 56.3%，2011 年上半年糖尿病用门特审核支付 9.21 亿元，同比增长 45.4%，占门诊特殊病支付的 62.4%；各医疗机构申请支付 9.39 亿元，同比去年增长 52.1%，占门诊特殊病支付的 63%。在此背景下，2012 年 1 月，“糖尿病占门诊特定病种医保管理办法”规定：参保人在一个年度内发生超过一万元的药品费用时，超过部分不再实行联网报销，由个人自己垫付，年终由参保人员所在单位一次性申请报销或者至初始缴纳医疗保险费的医疗保险经办机构进行保险费用报销。

同时，糖尿病门诊特殊病鉴定过程不断规范，全市确定了11家定点鉴定医院为参保人进行严格规范的糖尿病鉴定，第一年参加复检的参保人中查出约2万人不具备糖尿病门特资格。曾经开过过量药品再销售的参保人，其医保卡将会被纳入黑名单，注销其医保卡的使用。这些措施确保了真正需要糖尿病费用负担人员的合法权益。

2014年1月，天津市在三潭医院开始试点糖尿病门特按人头付费支付方式，通过鉴定的糖尿病参保人自愿与三潭医院进行签约，医疗保险经办机构依据签约糖尿病参保人的数量及人头费率与三潭医院进行结算，基金与医院的结算原则是“结余留用，超支不补”。对糖尿病患者取消了超过一万元以上由患者先行垫付、限定单次取药限额等控费手段，由医院根据患者的病情酌情处理。同年8月，天津市医保局将糖尿病门特人头付费制度扩大到16家基层医疗机构，这16家机构均从属于天津市卫生局组建的天津市慢性疾病综合管理医疗协作体，协力推广单病种按人头付费支付方式改革。

2017年天津市政府办公厅9月印发《关于进一步深化我市基本医疗保险支付方式改革实施方案的通知》，将全面推行以按病种、按人头付费为主的多元复合式医保支付方式改革。到2020年实现全覆盖医保全面推行按病种、人头付费，其中提到全面推广糖尿病按人头付费，将承担基本公共卫生糖尿病健康管理服务任务的二级及以下医疗机构，全部纳入实施范围。

2018年7月起，天津市人力资源和社会保障局《关于进一步完善糖尿病门诊特定疾病按人头付费结算方法的通知》。主要内容是：①合理厘定人头费用。以糖尿病患者首次签约参加按人头付费的上一个自然年度的糖尿病门特医疗费用为基础，按照职工医疗保险和城乡居民医医疗保险两个险种，分别核定定点服务机构的糖尿病人头费用。且分别以四分之一处、第四分之三处，作为核定糖尿病人头费用的最低值和最高值。糖尿病患者上一自然年度低于最低值的糖尿病门诊医疗费用，按照最低值纳入机构糖尿病人头费用核定范围；而超出最高值的，也只按规定的最高值进行核定。②完善付费结算。由患者个人和医保基金共同支付在定点医疗机构发生的糖尿病治疗费用。其中，患者个人支付部分基于确保改革后患者个人负担不增加、医保待遇水平不降低的目的，其实际发生医疗费用按照现行的医保报销政策计算；患者个人支付与人头费用的差额部分，不占用定点服务机构原有医保预算额度，由医保基金据实支付。③为减轻患者垫付资金压力，实行就医刷卡结算，取消刷卡结算限额。

11.2 糖尿病门特按人头支付制度构成

11.2.1 糖尿病参保患者的报销制度

参加了按人头付费项目的糖尿病参保人没有每年一万元的报销限额。对城镇职工和城乡居保医保的参保人，分别制定了报销政策。下表是城镇职工糖尿病门诊报销比例，其中退休人员在起付线到5.5万这个阶段报销比例更高一些。

表 10–1　城镇职工医疗保险糖尿病门特报销标准

	起付标准	报销比例	
		起付标准～5.5万	5.5万～35万元
在职职工	1300元	85%	80%
退休职工	1300元	90%	80%

下表是城乡居民保险糖尿病门特报销比例，因个人支付能力和病情程度不同可资源选择年缴费220元、500元、850元三档，其起付线要比城镇职工的更低一些，其整体报销比例也小一些。对一级、二级、三级医院区别了费用报销比例，鼓励糖尿病患者去基层就诊，更好发挥基层医疗机构在慢性病防治方面的作用。

表 10–2　城乡居民医疗保险糖尿病门特报销标准

	年缴费	起付线	一级医院报销比例	二级医院报销比例	三级医院报销比例
一档	220元	500元	55%	50%	45%
二档	500元	500元	60%	55%	50%
三档	850元	500元	65%	60%	55%

办理糖尿病门特登记的参保人员在享受较高的报销待遇同时必须遵守定点就医的限制。糖尿病参保人在一、二、三级医疗机构和药店中选择一至四家作为门特治疗医院或购药，但是每个级别医院最多选择一家。参与按人头

付费的糖尿病参保人只能选择签约医院进行治疗与药物的购买，签约的定点医疗机构只能每年变更一次。

11.2.2 医疗保险按人头付费给医疗机构

11.2.2.1 按人头付费标准的制定

对参保人的报销制度，无外乎是起付线、报销比例和封顶线的规定，参保人在医疗机构发生的费用按项目计费，个人在医院窗口通过现金或个人账户交付医保需要自付的部分，医保支付部分由医保机构与医院定期结算，医保经办机构正是按照人头付费给医院支付。人头标准的测算方法是参照最近三年天津市糖尿病患者的平均医疗费用，同时参考城镇职工医保和城乡居民的医保报销比例和起付线，计算出医保机构分别对不同保险种类保险人群应该支付的费用，再乘以不同类别的医疗机构签约总人数，计算医疗机构在当年应该获得的保险参保人的糖尿病门特费用总额。

11.2.2.2 结算支付

医疗机构先完成参保人的付费。签约医疗机构提供协议规定的固定诊疗项目，与参保人员结算个人自负的金额时按照项目付费；签约机构对参保人要求提供的不是本次糖尿病治疗必需的诊疗服务，只要是实际发生了，按照医疗保险参保人起付线、按比例报销的规定先与参保人结算。

医疗保险机构再与医疗机构结算。医疗保险机构与医疗机构按照人头付费的标准结算，用人头费乘以签约人数作为医疗保险基金需要支付给医疗机构的总额。如果医疗机构实际为参保人提供了非必需的医疗服务项目，医疗保险基金不会按照项目给医疗机构支付，所有费用都包含在人头费结算中。在这种结算制度下，激励医疗机构控制医疗服务成本，以在定额支付的前提下获取相对多的利润。医疗保险机构结算具体分为季度预结算和年终结算。

操作上采取年度按人头付费总量按季度划分为季度总量控制指标，包干机构应实时将就医明细上传，经办机构每月对上传明细进行汇总分析。实际审核支付金额不超过当季总量控制指标的，经办机构预留 6% 的考核预留金后，按月拨付给包干机构；超过当季总量控制指标以上的部分暂不予拨付，记入超标。

11.2.2.3 年终清算

结余留用。年度实际审核支付金额低于年度人头付费总额标准，对于完成协议规定的服务人数或服务项目、质量的，结余金额可以按照一定比例留用，且下一年度总额控制指标适当提高。

风险调整。风险调整是指年终决算时根据包干机构接诊不同人群的实际情况，对人头付费标准予以调整，使其付费标准与其医疗服务需要相匹配，对包干机构进行风险补偿。风险调整因素主要包括年龄、性别、慢性病患病情况以及地域位置、个人医疗费用与平均医疗费用的差异等。

超支分担。调整后，年度实际审核支付金额仍高于年度人头付费总额标准，清算时超标金额按照协议由经办机构与包干机构按照风险分担比例共同分担。

年终结算参考服务质量考核的结果。按人头付费的实行，对包干机构和经办机构的标准化管理起到了很好推动作用。同时，还要注意保证医疗质量，防止基本医疗保险基金支付压力向参保人转移，因此，需要对服务人数、个人负担率、每百门诊人次住院率、转诊率、就诊人次与签约人群总就诊人次之比、人均年门诊费用增长率等建立一系列监督考核要素进行规范和管理。

11.2.3 服务不限于医疗保险范围

对于签约定点医疗机构的糖尿病按人头付费服务，天津市突破了“三个目录”的限定。医疗机构提供的目录外服务项目只需要事先备案而不需要经过审核即可实行，而其他没有参与按人头付费支付方式改革的医院中糖尿病患者如需使用目录外的项目必须通过审批。这给予了按人头付费糖尿病治疗更宽松的政策范围，有利于根据患者病情，医疗机构自主选择治疗适宜的治疗方案。对于糖尿病参保人来说，有可能得到更好的、更新的治疗。再加上签约责任制医生，从整体健康角度出发综合系统管理和治疗糖尿病患者。

11.2.4 要求对糖尿病患者进行慢性病管理

11.2.4.1 对签约的糖尿病患者实行责任医生制

按人头付费支付方式的关键配套制度是责任医生制。每一个糖尿病患者签约以为负责其糖尿病疾病管理的责任医生，责任医生全程管理患者糖尿病治疗，责任医生的薪资水平与患者的实际医疗费用及生化指标情况相互关联。虽然每个患者签到了每个具体责任医生的名下，但医院根据医生的职称、资质、特长组成了责任医生团队，团队可以避免个别大夫的技术能力差异的问题，形成团队为患者提供更好的服务。以三潭医院为例，由副主任医师、主治医师和住院医师组成一个团队，从技术力量上搭配，日常工作中互相协作，特别是在制定方案的时候，需要副主任医师、主治医师和住院医师要一起来定。实行责任医生制后，促使医生更主动的服务。由于糖尿病患者都是多年服药，已经有了先入为主的治疗方案，但患者对血糖是否达标、合理用药和用药的副作用这些问题并没有专业的了解，在医生这里期待的只是开药，医生需要付出超出日常服务较多的耐心，获得患者足够信任后，才能说服他们调整治疗到更合理的治疗方案。将糖尿病患者的治疗效果与特定医生的服务薪资绑定，有利于激励责任医生的服务热情。调查显示，按人头付费组中85.83%的患者接受过医务人员随访，而按项目付费组中该比例为41.13%。按人头付费组患者每年接受随访平均次数为4.34次，而按项目付费组仅2.98次。将治疗服务扩展到预防、健康服务、生活习惯调节中去，实现慢性病管理中的全面健康管理。研究显示，按人头付费组通过饮食控制与体育锻炼控制血糖的比例高于按项目付费组，单独使用口服降糖药或注射胰岛素、使用胰岛素泵者比例低于按项目付费组。

11.2.4.2 用互联网＋对糖尿病患者进行信息化管理

天津医科大学代谢病医院的“三一照护”模式。在糖尿病按人头付费的医保政策环境下，天津医科大学代谢病医院主动应用互联网＋医疗，开创性建立了院内院外、线上线下、三甲社区的“三一照护”糖尿病诊疗新模式。这个模式包括糖尿病患者治疗和健康改善两个重要环节，通过“专家＋教育护士”的团队形式，管理糖尿病患者的饮食、运动、药物、教育、监测，实现对患者的全程管理与个性化的治疗及服务，既可以提高患者血糖达标率，还可以降低和延缓糖尿病并发症的发生。“三一照护”门诊管理主要针对使用智能手机的人群，重症病人和不会用智能手机的老年人暂不是其服务对象。从2016年10月至2018年8月，“三一照护”门诊管理中天津医科大学代谢病医院超过2300余名糖尿病患者，平均每人每周自测血糖4次，按照护计划，完成规律的季度、年度复诊比例达 80% 以上。糖尿病“三一照护”管理模式有效改善了患者血糖控制水平，并将延缓并发症的发生和发展。

天津市南开区三潭医院使用“糖护士”平台协助完成糖尿病患者的随访工作。三潭医院用“糖护士”自我管理和辅助治疗，平台依托“智能医疗设备 +APP 应用软件 + 智能管理服务”帮助糖尿病患者提高自我管理能力、提高血糖达标率，从而提供较低成本、较高效率的解决方案。该医院通过三个途径实现糖尿病患者的随访。其一，通过手机上网的群体实施在线随访，即通过在患者的手机上糖尿病管理软件，患者即可通过手机软件与医院进行在线交流。患者可以定期自行监测血糖，通过手机软件向医院传送血糖监测数据，医生会通过软件将用药调整方案或者保健注意事项反馈给患者，同时院方会定期向患者发送糖尿病治疗尝试和定期检查通知，及时与患者沟通。其二，对其他患者实行电话随访与医院随访相结合的方式。医院随访主要分为综合随访及常随访两种，综合随访是指患者于项目年度初期到医院就医时，院方会对患者身体基本状况、生化指标及并发症情况做摸底，免费为每位病人建立健康档案，并以此作为基础数据，待项目结束后以作对比分析。在按人头付费项目年中及年终对病人再次全面检查，一方面预防并发症的发生，并方便为用药方案的调整作为指标基础。日常随访则在就医等待的过程中进行，随访成员会对患者近期的血糖数据进行统计并登记，了解饮食、运动及用药情况，解答与糖尿病有关的相关问题。当病人超过取药时间而没有到医药就诊时，则采用电话随访的方式，电话随访是指由医院建立一个叫 CallCenter 中心，定期收集患者空腹血糖及餐后血糖的指标数据并提醒患者前往医院做定期检查，并在系统内建立随访档案。其三，对于部分不方便亲自到三潭医院就诊的重病患者实行社区随访。三潭医院及其五个下设的社区医院在附近社区配有专门的社区随访成员能够提供基本的入户取血、身体生化指标检测等服务，完善患者的健康档案。社区随访的人力资源成本会更高，不仅对随访人员专业素养要求高，而且随访成员要承担更大的医疗风险。

互联网 + 的信息管理既方便医生收集数据，也稳定了签约糖尿病患者不流失，其不足之处更在于各大医疗机构收据数据的 app 不同，收集数据却类似，服务方式不一样，如果能找到一个适合天津市糖尿病患者的统一的软硬件支持，会更方便与整合天津市各区的糖尿病患者的信息数据。

11.3 天津市糖尿病特殊病门诊的实施情况

11.3.1 天津糖尿病门特效果

11.3.1.1 控制了统筹基金糖尿病支出的上涨速度

有学者对三潭医院 2014 年的糖尿病患者医疗费用进行了分析。2014 年该医院糖尿病患者发生的总费用呈上升趋势，1 月为 106.46 万元，4 月为 152.91 万元，但费用上升趋势逐渐放缓。三潭医院按人头付费的糖尿病患者的人均费用在 2014 年出现了下降，1 月人均费用为 2001.17 元，4 月人均费用为 1397.77 元。特别是在三四月份实行责任医师制度后，患者的月均费用下降更为明显。

11.3.1.2 糖尿病参保者得到了更好的慢性病管理服务

有学者对天津市门诊特病的糖尿病患者治疗情况作了分析，选取了天津市 2018 年 5 月实行人头付费的全部 6 家试点二级医疗机构，分别抽取了 80 名按人头付费患者和 80 名按项目付费的患者，进行对照分析。显示按人头付费组中口服降糖药和注射胰岛素合用的治疗方案所占比例比按项目付费组高。按人头付费组有 10.13% 的患者是通过饮食控制与体育锻炼来控制血糖，远远高于按项目付费组 4% 的比例。95.18% 的按人头付费患者认为目前的治疗方案能够满足他们自身的治疗需求，远远高于按项目付费组 64.95% 的比例。而且从空腹血糖、餐后血糖、糖化血红蛋白这些糖尿病诊断指标上看，在控制了影响混杂因素后，按人头付费组患者的指标均优于按项目付费组。从对治疗方案的满意度看，按人头付费组患者的满意度指标远远高于按项目组，特别是对医务人员随访情况的满意度更高。

11.3.2 存在的问题

从研究结果看，糖尿病门特按人头付费医保支付方式改变了供方的服务提供方式，加强了慢性病管理，糖尿病门诊特病人均费用有所降低。但实际实施中，还存在一些问题。

11.3.2.1 社区慢性病服务提供能力有限

责任医生制是遵循慢性病管理的思路，由一个医生对特定的糖尿病患者进行全程管理，并通过对其生活方式改变和药物治疗结合的方式，取得治疗的效果。定点的按人头付费试点单位全部都是二级医院，真正为居民提供公共卫生服务、疾病预防控制的基层医疗服务机构却没有参与。一方面是社区的医疗服务力量不足，没有足够的医生担当糖尿病患者责任医生，糖尿病患者长期在医院专科就医，对社区的专病服务也不太信任。另一方面社区在医保管理水平上也不及医院，对于人头付费的认识不够充分。所以我们看到医疗保险的按人头付费支付方式在医院实施，推动医院做适合于基层提供的慢性病管理工作。这也是医疗保险制度受限于我国卫生资源分配不均衡的体现之一。

11.3.2.2 医生风险选择的出现

按人头给付费用，虽在之前固定支付比例下做了调整，按照上一自然年度的糖尿病门特医疗费用为基础，且分别以第二十五百分位数、第七十五百分位数，作为核定糖尿病人头费用的最低值和最高值，但也还是避免不了医院和医生愿意接受轻症病人的倾向。重症病人风险高、费用高，医院很难控制治疗成本，在结算中按照平均人头费，医院需要贴补费用。为此，需要进一步完善按人头付费制度，使其结算更加合理，抑制医疗机构的风险选择行为，以提高制度的公平性。可以考虑通过对基础数据分析后，考虑患者的年龄、性别、糖尿病并发症和合并症的情况，对不同情况的糖尿病患者加上风险调整因子，使得制定的人头费标准有差异，医疗机构自然会减少风险选择的行为。

11.3.2.3 缺乏互联网 + 技术运用的整合

互联网 + 技术的运用是天津市糖尿病门特按病种支付的亮点之一，但都是各医院自己建设的管理平台，医保经办部门没有可统一运用的管理平台。医院平台目的是为了更好地进行患者的慢性病管理，以节约治疗的成本，与医保平台的目的不同，无法完成医保管理的所有目标。医疗保险管理平台除了患者患病和就诊信息之外，还应该侧重于费用管理、服务质量等方面，在一个整体平台上进行信息整合。

11.3.2.4 未能注重糖尿病患者的自我管理

按人头付费方式一大优势是注重预防，但在天津市的调研中，医疗保险的思路主要是针对糖尿病患者进行跟踪治疗，对糖尿病的预防措施是不够的，没有促进对糖尿病患者健康教育的措施，未能从参保人方面推动糖尿病患者的自我管理，而国内外的研究均显示，慢性病自我管理的效果优于外部治疗措施和一般的健康教育。医院没有通过各媒体加强预防知识宣传的动机和成本预算，这需要医疗保险机构和卫生管理机构从宏观角度通过各种途径加强糖尿病预防知识的宣传，如在采用电视广告、网络、广播、手机软件、电梯间广告栏这些媒介，对糖尿病进行宣传，增强患者的自我健康管理能力。虽然社区医疗机构没有直接参与医保责任服务，但可以利用社区卫生服务机构地理位置优势，和辖区居民的紧密联系，在社区内通过展示牌、宣讲等形式普及糖尿病等相关慢性疾病的基础知识，加强患者预防和就诊意识。

11.4 在其他地区推广糖尿病门诊医保付费的经验总结

11.4.1 完善按人头付费制度的设计

11.4.1.1 考虑不同糖尿病患者的风险因素确定人头费标准

考虑到单一的人头费标准容易导致医疗机构的风险选择，重症糖尿病患者普遍费用偏高，很难签约到医疗机构和责任医生，对他们不公平。风险调整是指年终决算时根据包干机构接诊不同人群的实际情况，对人头付费标准予以调整，使其付费标准与其医疗服务需要相匹配，对包干机构进行风险补偿。风险调整因素主要包括年龄、性别、慢性病患病情况以及地域位置、个人医疗费用与平均医疗费用的差异等。在不断探索下，建立风险调整的方法，对年龄、性别、合并症与并发症不同的患者给予不同的测算风险因子，制定差异化的人头费。

11.4.1.2 加强对服务质量的管理

按人头付费的实行，对包干机构和经办机构的标准化管理起到了很好推动作用。同时，还要注意保证医疗质量，防止基本医疗保险基金支付压力向参保人转移，因此，需要对服务人数、个人负担率、每百门诊人次住院率、转诊率、就诊人次与签约人群总就诊人次之比、人均年门诊费用增长率等建立一系列监督考核要素进行规范和管理。

为了突出责任医师的整体医疗的重要性，还需要从责任医师负责患者人数，血糖控制情况，用药情况，后期随访情况等方面进行考察，而医疗机构考核的重点则为负责社区中糖尿病人签约覆盖率，尤其对于重症病人被医疗机构接收情况，治疗效果、随访服务质量等方面进行考察。

11.4.2 完善社区首诊配套制度

社区应该是慢性病管理的主要承担机构，在天津的糖尿病特病按人头付费中，没有充分动员和发挥社区的力量。仅将医院定为主要的慢性病管理机构，违背慢性病管理的规律，并会进一步削弱社区的力量，加大卫生资源分配的不均衡。为此，需要将社区纳入按人头付费的机构，医疗保险机构要做的是：①建立起具有吸引力的社区卫生服务机构医保报销机制，拉开与二三级医院起付标准、报销比例之间的差距。吸引糖尿病患者进入社区；②完善社区卫生服务中心药品制度，降低药品价格。扩大药物目录范围，增加社区医院供给的药品种类，降低药品总额限制。逐步优化拿药流程，社区医生根据患者实际病情开药。③运用互联网＋现代化信息管理手段，糖尿病患者病情进行实时跟进与交流，从饮食生活习惯上进行科学引导，培养其自我健康管理能力，宣传糖尿病防治。

加强社区卫生服务提供能力建设是社区首诊制度的前提条件，这不是医保部门能够独立完成的任务。社区首诊制度对社区卫生机构提出了较高的要求，要求：①在社区建立糖尿病患者系统化、规范化、个性化、全程化的社区全科医生－综合医院专科医生的网格化服务网络和健康管理体系。②建立糖尿病患者个人健康档案，对其饮食和运动进行系统指导；体检、定期检测、随访治疗，为糖尿病患者提供套全方位的有效管理。③通过社区医院对糖尿病患者健康教育可以使糖尿病患者更好地认知自己的病情，提高控制血糖自觉性，将预防糖尿病并发症重视起来。从而使患者从心理和饮食方面规范自身行为，降低血糖，遏制其病情发展，延缓糖尿病并发症发生。

第十二章　深圳市门诊统筹实践

12.1 深圳市医疗保障制度的总体情况

深圳市实行多层次、多形式的社会医疗保障制度。

12.1.1 多形式的社会医疗保险制度

深圳市从2009年开始医保一体化，实现了将各类居民职工社会人群在一个制度框架下管理。广东省目前要求在一体化中实现“五统一”，深圳市还没有实现其中缴费水平、医疗保险待遇统一，基本医疗保险根据缴费及对应待遇分设一档、二档、三档三种形式。

有深圳市户籍的职工参加一档医保，其前身是深圳市的城镇职工基本医疗保险制度。职工参加基本医疗保险一档，以本人月工资总额8%的标准按月缴费，其中用人单位缴纳6%，个人缴纳2%。一档医保设个人账户，参保人按8%缴交基本医疗保险费的，按缴费基数的5%按月计入个人账户；其中年满45周岁的，按缴费基数的5.6%按月计入个人账户，缴费的其余部分进入大病统筹基金。

二档医保前身是城镇居民基本医疗保险，强制要求城市非在职人员，如少年儿童、学生参加二档，其他非从业人口和职工按规定选择加入一档或二档。职工参加基本医疗保险二档的，以本市上年度在岗职工月平均工资的0.7%按月缴费，其中用人单位缴交0.5%，个人缴交0.2%。不设个人账户。

三档医保的前身是深圳市的农民工保险，职工参加基本医疗保险三档的，以本市上年度在岗职工月平均工资的0.5%按月缴费，其中用人单位缴交0.4%，个人缴交0.1%。不设个人账户。截至2018年6月，深圳市基本医疗保险参保人数1426万人，其中一档447万人，二档600万人，三档379万人。

12.1.2 多层次的补充医疗保险制度

深圳市设立基本医疗保险、地方补充医疗保险、重特大疾病补充医疗保险共同构成的多层次社会医疗保障体系。以上所讲的一档、二档、三档都是在基本医疗保险的制度内，此外还有地方补充保险和重特大疾病补充医疗保险。

12.1.2.1 地方补充医疗保险

参加基本医疗保险的人员同时强制参加地方补充医疗保险。参加基本医疗保险一档的人员按其缴费基数的 0.2% 按月缴费；参加基本医疗保险二档的人员按其缴费基数的 0.1% 按月缴费；参加基本医疗保险三档的人员按其缴费基数的 0.05% 按月缴费。参保单位和参保人缴交的地方补充医疗保险费进入地方补充医疗保险基金。地方补充医疗保险基金不设个人账户。

参保人发生的医疗费用中属于基本医疗保险药品目录、诊疗项目和医疗服务设施标准范围内的由基本医疗保险基金按本办法规定支付；属于地方补充医疗保险支付范围的由地方补充医疗保险基金按相应办法规定支付。

地方补充医疗保险药品目录和诊疗项目范围、大型医疗设备检查和治疗项目范围由深圳市社会保险和卫生部门制定目录，其目录范围比基本医疗保险的“三个目录”范围更大，目前包含一些靶向药物。地方补充医疗保险的支付限额根据参保人的参保年限有所不同，连续参保时间满 72 个月以上的，最高限额为 100 万元。

12.1.2.2 重特大疾病补充医疗保险

这是深圳市的第三层次医疗保险，性质是自愿参加的商业医疗保险。由政府采购的方式确定承办商业保险公司和筹资标准，以合同形式委托承办机构，合同期限原则上不低于 2 年。目前由平安保险承保。

基本医保一档参保人个人账户余额达到深圳市上年度在岗职工年平均工资 5% 以上的，由市社会保险经办机构协助统一办理参加手续，保险费在参保人个人账户划扣。基本医疗一档参保人个人账户余额在深圳市上年度在岗职工年平均工资的 5% 以下的，及基本医保二档、三档参保人，本人可自行向承办机构申请办理参加参加手续，保险费由本人支付。目前定的参保费为 20 元。

参保人参加重特大疾病补充医疗保险后，享受的待遇有：①在同一社会医疗保险年度内，参保人住院时发生的医疗费用，按照《深圳市社会医疗保险办法》规定属于社会医疗保险目录范围内的，应该由其本人自付的部分累计超过 1 万元的，超出部分由承办机构支付 70%。②在同一社会医疗保险年度，参保人患重特大疾病使用《深圳市重特大疾病补充医疗保险目录》内药品所发生的费用，由承办机构支付 70%，支付金额最高不超过 15 万元。

12.2 深圳市门诊保障的内容

12.2.1 一档参保人的普通门诊保障

一档参保人在深圳市内定点医疗机构自由就医，用个人账户结算门诊费用。基本医疗保险一档参保人个人账户用于支付参保人门诊基本医疗费用、地方补充医疗费用、在定点零售药店凭本市市内定点医疗机构医生开具的处方购买医疗保险目录范围内药品的费用，个人账户不足支付部分由个人自付。

基本医疗保险一档参保人连续参保满一年，在同一医疗保险年度内个人自付的门诊基本医疗费用和地方补充医疗费用超过本市上年度在岗职工平均工资 5% 的，超过部分由基本医疗保险大病统筹基金或地方补充医疗保险基金按规定支付 70%，参保人年满 70 周岁以上的支付 80%。

为了鼓励一档参保人在基层就诊，其在深圳市定点社康中心发生的基本医疗费用和地方补充医疗费用，70% 由其个人账户支付，30% 由基本医疗保险大病统筹基金、地方补充医疗保险基金按规定支付，口腔科治疗费用、康复理疗费用、大型医疗设备检查治疗费用、市政府规定的其他项目费用除外。

12.2.2 二档、三档参保人的社区门诊统筹

12.2.2.1 社区门诊统筹待遇水平

基本医疗保险二档、三档参保人的门诊保障全部固定在选定的一家社康中心，作为其门诊就医的定点医疗机构。有用人单位的，由其用人单位选定；无用人单位的，由本人选定。14 周岁以下的基本医疗保险二档参保人，可选择一家社康中心或一家市内二级以下医院作为门诊就医的定点医疗机构。二档参保人门诊就医转诊、基本医疗保险三档参保人门诊和住院就医转诊的，都需要经过定点医疗机构的同意。社区门诊统筹没有单独设立“三个目录”，执行统一的基本医保目录。

二档、三档参保人在选定的社康中心发生的门诊医疗费用按以下规定处理：①属于基本医疗保险药品目录中甲类药品和乙类药品的，分别由社区门诊统筹基金按 80% 和 60% 的比例支付；②属于基本医疗保险目录内单项诊疗项目或医用材料的，由社区门诊统筹基金支付 90%，但最高支付金额不超过 120 元。③参保人因病情需要经结算医院同意转诊到其他医疗机构发生的门诊医疗费用，或因工外出、出差在非结算医院发生的急诊抢救门诊医疗费用，由社区门诊统筹基金按前款规定支付标准的 90% 报销；其他情形在非结算医院发生的门诊医疗费用社区门诊统筹基金不予报销。④社区门诊统筹基金在一个医疗保险年度内支付给每位基本医疗保险二档、三档参保人的门诊医疗费用，总额最高不得超过 1000 元。

社康中心负责定点签约人群符合医保条件的门诊费用，如果社康中心同意参保人转诊到其他医疗机构看门诊，则转诊发生的医疗费用由参保人垫付，再到社康中心报销。

12.2.2.2 对社区门诊按人头包干结算给机构

医保二档和三档参保人缴纳的医疗保险费按照深圳市上年度在岗职工月平均工资的 0.2%（2018 年 7 月开始为 16.7 元）的标准划入社区门诊统筹基金。

统筹基金对社区医疗机构实行按人头包干结算。具体的做法是每个月按照 16.7 元的人头标准将社区门诊统筹基金划给参保人选定的首诊社康中心所在的结算医院，用于支付参保人的普通门诊费用。

12.2.2.3 结余奖励机制

在一个社保年度内，对于无严重违规行为、为参保人提供满意医疗服务的社区门诊统筹基金有结余的结算医院，按照一定比例给予返还奖励。社区门诊统筹基金结余 10% 以内的，结余部分 50% 返还，50% 结转下年使用；结余在 10% ～20% 的，结余部分 40% 返还，60% 结转下年使用；结余在 20% ～40%，结余部分 30% 返还，70% 结转下年使用；结余超过 40% 的，结余部分 100% 结转下年使用。

卫生部门会对社康中心的卫生服务有考核打分，医保部门在一定程度上会参考卫生部门的考核结果来评价卫生机构的服务质量。

12.2.2.4 风险调节机制

有的社康中心受到地理位置、绑定参保人的年龄结构、绑定参保人的数量等因素影响，客观上难以维持社区门诊统筹基金收支平衡，造成超支。因此建立了基本医保三档和基本医保二档门诊调剂金制度，按照参保人每人每月 1 元的标准提取门诊调剂金，用于定点医疗机构社区门诊统筹基金超支后的适度调剂。这种调剂是对超支中的合理部分给予补偿，在一定程度上缓解了定点医疗机构的超支风险。为了体现风险分担的原则，调剂金分配与超支比例成反比，避免发生不合理的超支。

12.2.3 大病门诊统筹

大病门诊统筹是按病种对参保人因诊治某些大病、做大型设备检查和治疗、输血等在门诊发生的医疗费用实行统筹基金支付。享受门诊大病统筹的情况有：慢性肾功能衰竭门诊透析、列入医疗保险支付范围的器官移植后门诊用抗排斥药、恶性肿瘤门诊化疗、介入治疗、放疗或核素治疗等 14 类享受门诊大病待遇的情形。

门诊大病待遇与连续参保时间挂钩：连续参保时间未满 12 个月的，支付比例为 60%；连续参保时间满 12 个月未满 36 个月的，支付比例为 75%；连续参保时间满 36 个月的，支付比例为 90%。

大型设备检查和治疗项目门诊统筹。该待遇仅针对一档参保人发生的门诊 CT、MRI 等大型设备检查和治疗项目的费用，此类费用的 80% 列入基本医疗保险大病统筹基金记账范围。

门诊输血费统筹。参保人因病情需要发生的普通门诊输血费，基本医疗保险一档参保人由基本医疗保险大病统筹基金支付 90%，基本医疗保险二档和三档参保人由基本医疗保险大病统筹基金支付 70%。

12.3 深圳市基层医疗机构情况

12.3.1 基层医疗机构的运行机制

深圳市公立的基层医疗机构是由当地的公立医院举办的社康中心，公立医院院办院管，政府只承担对机构的投入、服务监管等职能，并不直接管理社康中心的业务。深圳市的罗湖区组建的罗湖医院集团将本区域内的所有医疗机构资源整合，包括了 5 家区属医院、24 家社康中心，形成了区域范围内的医联体。目前深圳市正在促成建立这种区域内医联体。本次调研组走访了罗湖区和盐田区的两家社康中心，分别是属于罗湖医院集团和盐田医院集团内的社康中心。

社康中心组建家庭医生团队，每个团队分别由医生、护士、公卫人员组成。以家庭医生团队为单位与社区居民签约。但社康中心的家庭医生极少上门服务，主要采取在机构坐诊的方式，即便是签约居民也并不固定找自己的家庭医生就诊，只要是坐诊的社区全科医生都同样的为签约居民提供服务，并没有形成稳固的签约关系。

由于是由医院集团统一管理，社康中心没有独立的财权和物权，由医院集团统一管理。罗湖的东门社区是收支两条线管理，收入由集团统一管理，支出由集团统一调配。由医院集团自己做绩效，集团考核社管中心，社管中心考核社康中心，考核的主要指标为业务量、慢性病管理率等。工作人员的劳务薪酬采取集团、社康中心、医疗团队三级分配的模式。目前基层工作人员仍旧是绩效考核的工资制，一般 60% 是绩效奖励，40% 为固定工资。

由于社康中心实行院办院管，社康中心的药品目录和医院目录一样，由医院集团统一供应，没有受到基本药物制度的影响。

12.3.2 政府财政对基层服务的投入倾斜

深圳市、区级政府财政对基层服务采取了许多扶持政策。

深圳市的激励机制有：①吸引医生流向社康中心。包括市属医院专科医生进社区，其中财政补助派出医院 39 万元。规培生到基层医院集团的社康中心工作，给予 35 万元生活补助（分 5 年发放）。医生到基层医院集团工作，优先评聘，打破职数限制。社康中心专家工作室可以按照院本部标准收诊查费。②吸引患者在社区首诊。鼓励家庭医生签约服务，做好健康管理、落实“专科号源优先配置、优先接诊、优先检查、优先住院”的四优先政策。患者在社康中心就诊，价格为三级医院医疗费用的 80%，药品价格在零加成基础上乘以 70%。

由于各区差异很大，仅以罗湖区为例介绍区级财政给基层的支持政策：①罗湖区政府增加投入改善了社康中心的就医环境。升级改造前社康中心平均用房面积 495 上涨到改造之后的 911 平方米，房屋自有率从 27.08% 上涨为 72.72%。②市区两级财政补贴给社康中心基本公共卫生经费，按照辖区内常住人口每人每年 70 元的标准。深圳市推广家庭医生签约服务，市区两级财政补贴每个签约居民每年 120 元签约费，监督医院集团将这笔钱分配给家庭医生团队，使得同级别的全科医生会比专科医生收入高一点。③罗湖区提高全科医生的待遇水平，同职称的全科医生待遇比专科医生高 6.89%。具体体现为全科医生在前 3 年，给予廉价全科人才公寓居住。罗湖区自 2017 年开始，对通过公开招聘到社康工作、取得国家认可的住院医师或全科医师规范化培训合格证的毕业生，按照本科、硕士、博士学历，分别给予 25 万元、30 万元、35 万元的一次性生活补助，分 5 年发放。如符合罗湖区高层次医疗人才认定中“第（五）类高层次医疗人才”（具有全日制硕士及以上学历，具有全科医学副高以上专业技术资格人员），可另享有住房奖励和人才津贴等。设置十大优秀全科医生奖。④ 2016 年和 2017 年，罗湖区政府以事定费补助。补助公式为：医疗机构基本医疗服务补助总额 =（年度门急诊人次 × 门诊补助标准 + 年度住院床日数 × 住院补助标准）× 发展系数 × 质量（满意度）系数 × 附加系数。其中，医院的门诊补助标准定为 30.85 元 / 诊疗人次，社康中心的门诊补助标准定为 37.02 元 / 诊疗人次。医院为了多获得政府补贴，会主动将普通门诊引导到社康中心。

12.3.3 医保对医院集团支付的基层引导

为贯彻预防为主，深圳市医保局在罗湖医院集团开展试点，由罗湖医院集团为签约参保人提供政策规定的基本医疗和公共卫生服务，并通过整合辖区内医疗卫生资源，为签约参保人提供包括家庭医生、动态电子健康档案管理、优先诊疗、慢病管理、用药咨询与指导、健康促进、预防保健、家庭病床、社区康复、一样融合养老等十项服务。

为此，医保试着改革与医院集团的费用结算方式。目前是在不改变医院集团下属医疗机构的线性医疗保险结算模式，不改变医院集团下属医疗机构的现行医疗保险结算模式的“两个不改变”前提下，根据医院集团（例如罗湖医院集团）的签约参保人上年度医疗保险统筹基金支付总额，同时考虑医疗费用增长的因素，设定总额管理指标。即2018年医疗费用总额额度 = 签约参保人群2017年度住院基本医保大病统筹基金和地方补充医疗保险基金实际支付总额 X（1+2017年度全市医保基金支出增长率）。当签约参保人本年度实际发生的医疗保险统筹基金记账总额低于总额管理指标，结余部分扣除其他结算模式已奖励的金额后支付给基层医院集团，鼓励基层医院集团做好签约参保人的健康管理，引导签约参保人基层就医，使签约参保人少生病、少生大病，主动降低该人群的医疗费用支出。据介绍，目前签约参保人群的医疗费用总额并没有实现结余。2016年签约参保人住院医保基金比2015年上涨了25.78%，2017年签约参保人住院医保基金比2016年上涨了17.47%，上涨的幅度放缓。目前，医保没有对签约参保人超支。

除了对医疗机构的结算激励，还通过医保激励参保人到基层机构就诊，包括社区门诊统筹和一档参保人个人账户支付比例七折。

2017年深圳社会医疗保险参保人在罗湖医院集团下属社康中心就医人次153.3万人次，占罗湖医院集团医保参保人总门诊人次的58.6%，比制度改革前大幅提升。

12.3.4 充实基层医疗服务队伍

罗湖区在全国范围内招聘优秀全科医生、规培生，聘请国外全科医学专家代教，专科医生转岗培训。疾控中心的公共卫生人员下驻到社康中心，49名心内科、内分泌科、中医科、妇科、风湿免疫科等科室的专家在社康中心建立了专家工作室。实现药品调剂的网上审方、自动发药，将药师从机械的药品调配工作中解放出来；社区临床药师参与家庭医生团队，破解社康中心缺少专业药师的难题。

总的来说，以罗湖区为例，基层医疗建设取得了一些实际的效果。前面提到了社康中心的诊疗量和所占比例提高。在慢性病管理和预防保健方面，2016年比2015年呼吸道感染住院病例减少14.64%，减少144例；2017年比2016年呼吸道感染住院病例下降25.68%，减少389例。慢性病管理类疾病住院例数增速减缓。

12.4 讨论和总结

12.4.1 深圳市经验的可推广程度有限

深圳市通过机构改革和医保激励政策，通过运行，特别是试点区罗湖区，取得了推动基层医疗发展的效果。调研组在盐田区看到的情况与罗湖区的情况有所差别，罗湖区作为示范区，区政府给予的投入力度远远大于深圳市其他区域，深圳市每个区的医院集团的构成形式也不同，盐田区的基层人员反映盐田区基层机构和基层人员的发展都不如罗湖区。罗湖区的经验在深圳市至今没有推广到其他区域。

深圳市的情况和其他城市也有很大差别。一方面，深圳市的人口结构年轻，基金结余大。2017 年，城镇职工基本医疗保险基金收入 289.252 亿元，基金支出 151.727 亿元，当期结余 137.525 亿元；年末基金滚存结余 790.049 亿元，其中：统筹基金 223.717 亿元，个人账户基金 566.332 亿元。2017 年，城镇居民基本医疗保险基金收入 27.144 亿元，基金支出 25.205 亿元，当期结余 1.939 亿元，年末基金滚存结余 18.620 亿元。(数据来源于:《2017 年度深圳市社会保险信息披露通告》)。这个基金结余量使得深圳市医保控制费用的压力不大，可以容纳一定的医疗费用上涨，给予医疗机构的环境足够宽松，有足够的调整时间。例如试点罗湖医院集团的医保医疗费用总额度的规定，从 2015 年开始至今，费用并没有下降，也并没有给医院太大的压力。深圳的人口结构年轻，全市平均年龄只有 35.6 岁，在全国极为少见。另一方面，深圳市政府的财力雄厚，在全科医生培养上投入大量的资金，很多全科医生是来自内地其他地区的医院。其他地区的财政很难有这样的财力和认识，加大对基层的财政投入来引导医院的行为。因此，深圳市罗湖医院集团的运行模式在其他城市复制的难度很大。

12.4.2 医院集团和政府监管各司其职有利于改革的推进

罗湖医院集团从根本上改变了医院的管理结构，医院去行政化，实行管办分离，赋予医院自主权。医院集团成立理事会、监事会，区政府参与医院理事会管理，卫生局局长是副理事长，监事会监督院长和医院的行为。理事会聘任医院院长，院长对医院有完全的人事聘用权。卫生局只是对医院集团进行行业监管。这种组织架构给予医院管理最大的自主权。

在医院集团管理体制改革后，卫生行政部门没法干预医院内部的管理，主要通过以事定费补助办法引导医院集团将门诊量主动分流到基层。在社康中心调研中确实也发现基层人员多次提到这个补助办法，可见在医院管理中起到了重要的作用。在这个政策的激励下，医院集团内部会主动调动资源，建立资源中心、智慧药房等，管理医院的人力成本，促使资源下沉基层。

罗湖医院集团的做法是赋予医院管理自主权，发挥医院集团内生动力的一个典型案例，这种管理模式值得借鉴。但是医院集团仍旧受到了行政管理的制约，医院集团内部都是区属医疗机构，在罗湖区内的市属医院病没有纳入医院集团统一资源调配，医联体的形式，没有从真正意义上实现区域卫生资源的统一规划和调配。

12.4.3 罗湖医院集团运营需要与发展基层的问题

罗湖医院集团客观上取得了引导资源下沉到基层机构、强化基层服务的结果，医院的根本出发点是为了医院运营。第一，医院引导普通门诊下沉受到了政府补助政策的引导，医院把门诊转移到社康中心在很大程度上是为了多获得政府的财政补贴。第二，罗湖医院集团内部的住院病人下转数提高，主要是提高了医院的病床周转率，将以前医院医生做的出院随访的工作交给了社区医生来完成，实质是在集团内部将治疗衔接起来，有一定健康管理的理念，主观上是为了医院病床获得更大收益，客观上形成了上下医疗机构的衔接。目前医院的经营状况好，就诊人数饱和，甚至吸引了大量的其他市区的病人来此就诊，试想一下，如果医院集团的就诊人次有限，无须帮助医院周转病床，政府财政也没有额外的倾斜，专科医院的医疗收入明显高于基层治疗收入，医院集团是否还愿意将资源下沉到基层。

从罗湖医院集团的公立医院改革来看，对公立医院的公益性也很有意义。在目前医院追求运行效益的现实状况下，一味要求医院自发实现公益性几乎不可能。公立医院运营是医院内部管理的事情，医院也需要获取收入，关键是看政府的政策如何引导医院运营。深圳市的政府财政政策在某种程度上引导了医院向基层、向健康管理倾斜，通过经济指挥棒引导医院运营，也是一种达到公立医院公益性的途径，而且政府引导发挥医院的自主性，政府的负担低效果明显。

12.4.4 没有实现真正意义上的家庭医生签约服务

深圳市的家庭医生签约服务与市医保对基层的门诊费用结算没有直接的联系。家庭医生签约服务费每人每年 120 元由财政补贴，由卫生部门考核之后支付给医院集团，没有与医保付费挂钩，家庭医生签约与社区门诊统筹也没有联系。从服务内容上看，深圳市的家庭医生签约服务项目主要针对 60 岁以上老人、慢性病患者、重性精神疾病患者等重点人群，签约对象不是全人群而主要是重点人群，这与实际的家庭医生服务有差别。从服务形式看，罗湖医院集团东门社康中心介绍，居民签约家庭医生之后，由于社区医生的工作量大，基本上采取坐诊方式，居民虽然与家庭医生签订协议，但并不用固定找签约医生看病，只要是轮班医生都可以提供服务，所以签约医生和居民的联系并不是很紧密。可见，家庭医生签约和医保的门诊统筹是两条系统并行，没有真正融合。

12.4.5 加强全科和亚专科培训的关系

在走访中，两个社康中心都强调了医院加强全科培训，罗湖区的全科培训比较规范，但也多次提到了打算发展社康中心的亚专科，即全科医生在全科的基础上掌握一门慢性病相关的专科。而盐田区的全科培训的地点和内容都是在专科医院进行，他们也提到了发展亚专科的想法。在目前我国全科医学发展落后，全科培训不完善，专科远远强于全科的发展。在基层全科还没有发展起来的情况下，不断提出发展亚专科，可能会产生一定的误导和偏差。

第十三章　我国基层医改的基本政策及基层医疗机构的现状

从以上对几个典型地区门诊统筹实践的分析可以看出，门诊统筹制度的设计与实施与当地社区医疗机构的发展状况密切相关。荆门市由于基层医疗机构无法承接参保人的门诊服务，被迫取消了社区首诊的制度设计。上海市的基层医疗机构服务能力强，即便医保没有强制开展社区首诊，家庭医生的签约相对也比其他地方顺利。青岛市有较好的相互竞争的基层医疗卫生服务的市场环境，鼓励参保人自主选择签约基层机构，医保政策促进竞争的效果才会更好。在调研了典型地区的门诊统筹实践后，感觉有必要将基层医疗卫生机构的状况与我国门诊统筹制度联系起来分析，因此在这里对2009年开始的深化医药卫生体制改革之后的基层卫生政策及基层医疗机构的现状进行分析。

13.1 2009年开始的基层卫生综合改革

从2009年实行新医改、建立基本医疗卫生制度开始，基层卫生改革就是重点工作之一。基层卫生实施的综合改革，以国家基本药物制度为抓手，改变基层卫生机构“以药养医”的状况，在基层医疗机构实行基本药物零差率销售。这次综合改革的核心是转变基层医疗机构的运行机制，在药品零差率销售后，增加财政补偿才能保障机构的正常运行。同时配套建立与基本药物制度相适应的人事管理体制、收入分配机制，做综合性、系统性的改革。其主要目的是维护基层医疗卫生机构的公益性，建立可持续的新机制。

13.1.1 实施基本药品零差率销售，建立以政府为主导的补偿机制

2009年8月我国基本药物制度正式实施。要求逐步在基层卫生机构实施基本药物制度，包括实行省级集中网上公开招标采购、统一配送，全部配备使用基本药物并实现零差率销售。基本药物全部纳入基本医疗保障制度，报销比例明显要高于非基本药物。基层医疗卫生机构全部配备使用基本药物，

实现零差率之后，对以往机构“以药养医”的运行机制造成极大的冲击。

切断了基层卫生机构从药品中获得补偿这一渠道后，改革后的基层卫生机构补偿渠道主要有五个。①财政对基层医疗卫生机构的专项补助经费。政府举办的基层机构基本建设和设备购置等发展建设支出，由政府根据基层机构发展建设规划足额安排。对基层机构人员经费（包括离退休人员经费）、人员培训和人员招聘等所需支出，由财政部门根据国家规定合理安排补助。②财政对基层医疗卫生机构运行的补助经费。在财政补助方式上，鼓励各地探索按服务数量或服务人口定额补偿的方式落实补助资金。有条件的地区可以实行收支两条线。③基本公共卫生服务经费。基本公共卫生服务经费要先预拨后考核结算，并随着经济社会发展相应提高保障标准。同时，基层机构承担的突发公共卫生事件处置任务由财政按照服务成本核定补助。④一般诊疗费。各地结合实际合理确定一般诊疗费标准，原则上 10 元左右。将其纳入基本医保门诊统筹支付范围。⑤医保支付补偿。扩大门诊统筹范围，合理确定医保支付范围和标准。医保支付比例向基层医疗卫生机构倾斜，鼓励使用中医药服务。并推进医保支付方式改革，逐步建立激励与约束并重的支付制度。采取购买服务方式对基层医疗卫生机构提供的基本医疗服务给予补偿。

13.1.2 对基层医疗卫生机构实行收支两条线管理

为了强化基层医疗机构运行的公益性，扭转医疗服务行为中的利益驱动机制，药品实行零差率销售，基层医疗机构的补偿主要来自政府为主导的补偿途径。在国家文件中，鼓励有条件的地方实行收支两条线管理。基层医疗机构的收支两条线就是指基层医疗服务机构的医疗、药品收入全部上缴财政专户，其全部支出纳入部门预算管理，工作人员待遇由财政予以保证，基本药物的药品差价由政府对基层医疗卫生机构进行补偿。在推进医改的过程中，有安徽、上海、北京、河南、吉林、甘肃等地实施了基层医疗机构收支两条线管理。在实施收支两条线的地区，都实行了基层医疗机构的全额预算管理，即将基层医疗机构所有收入和支出都纳入财政预算，基层机构的财政筹资以县（区）级财政为主要来源。基层医疗机构收支两条线的政府投入包括公共卫生经费、人员经费和专项投入等，机构的支出方面包括常规经费（如人员经费、公用经费）和专项经费（如设备、房屋和科研等经费）。①

13.1.3 行政化的基层人事管理、绩效考核机制

2013 年，国务院发布的《巩固完善基本药物制度和基层运行新机制的意见》中，规定了与综合改革相关的人员激励考核制度。

县根据当地情况，核定基层医疗卫生机构编制总量。落实基层医疗卫生机构的法人地位，落实用人自主权，推行聘用制度和岗位管理制度，定编定岗不固定人员。将服务质量数量、患者满意度、任务完成情况和城乡居民健康状况等作为主要考核内容，考核结果向社会公开，与绩效工资总量、财政补助、医保支付等挂钩。基层医疗卫生机构在核定的收支结余中可按规定提取职工福利基金、奖励基金。多劳多得、优绩优酬。严禁将医务人员收入与药品和医学检查收入挂钩。对在基层医疗卫生机构工作的对口支援医务人员，地方政府给予周转房等生活保障，在职称晋升、社会荣誉等方面予以倾斜；对到艰苦边远地区基层医疗卫生机构服务的医务人员，按规定落实津补贴政策；对在农村地区长期从医、贡献突出的医务人员，按国家规定给予奖励。

关于绩效工资分配，国家有明确的文件指导。2009 年，《关于公共卫生与基层医疗卫生事业单位实施绩效工资的指导意见》（人社部〔2009〕182 号）提出：主管部门核定基层医疗卫生事业单位的绩效工资总量，奖励性绩效工资在绩效工资中所占比重为 30% ~40%。当时的政策方向是削弱基层卫生机构的趋利性，在人员的激励机制上，倾向于限定奖励性绩效所占的比例。

13.1.4 加强基层医疗卫生服务队伍人才建设

人才建设是基层医疗卫生服务体系建设的重点内容，2009 年之后与人才培养相关的独立发文有：2009 年卫生部发布的《关于加强卫生人才队伍建设的意见》，2010 年六部委发布的《以全科医生为重点的基层医疗卫生队伍建设规划》，2011 年国务院发布的《关于建立全科医生制度的指导意见》，2011 年国务院发布的《关于进一步加强乡村医生队伍建设的指导意见》，2009 年

① 丁丽曼，段文飞，马俊杰．基层医疗机构收支两条线管理方式补偿零差率现状分析［J］．中国民族民间医药，2012，21（16）：171-172.

卫生部发布的《关于加强卫生人才队伍建设的意见》。

一是，提高基层卫生人才的数量和质量。通过招聘执业医师，完善城乡对口支援，组织高校毕业生“三支一扶”计划中支医项目，加大医学类高校毕业生选拔力度，采取有效措施鼓励服务期满后扎根基层。积极鼓励和引导医疗卫生人才到基层服务。鼓励和引导高校医学毕业生到基层医疗卫生机构就业。招聘优秀医疗卫生人才到基层医疗卫生机构工作。实施城市对口支援农村卫生工程，鼓励一批高素质医疗卫生人才到基层服务。用制度和机制留住并用好基层医疗卫生人才。用事业留人，用待遇留人，用制度留人。进一步加强农村卫生人员在职在岗培训。

从 2009 年起，对志愿去中西部地区乡镇卫生院工作 3 年以上的高校医学毕业生，其学费（助学贷款）由国家实行补偿（代偿）。对在农村基层工作的卫生技术人员，在职称晋升等方面给予适当鼓励和政策倾斜，落实国家对长期在乡以下基层地区工作的卫生技术人员待遇倾斜政策。

二是，建立全科医生队伍。到 2020 年，通过多种途径培养 30 万名全科医生，逐步形成一支数量适宜、质量较高、结构合理、适应基本医疗卫生制度需要的基层医疗卫生队伍，基本满足“小病在基层”的人力支撑要求。将全科医生培养逐步规范为“5+3”模式，提高基层医疗卫生服务水平。由于培养周期较长，采取多种措施加强全科医生培养，力争到 2012 年每个城市社区卫生服务机构和农村乡镇卫生院都有合格的全科医生。包括：开展基层在岗医生转岗培训，强化定向培养全科医生的技能培训，提升基层在岗医生的学历层次，鼓励医院医生到基层服务。

13.1.5 改变基层卫生机构的服务模式

一是，提出建立全科医生契约服务。2011 年国务院发布的《关于建立全科医生制度的指导意见》中，要求推行契约服务：基层医疗卫生机构或全科医生与居民签订一定期限的服务协议。参保人员自主选择签约医生，逐步将每名全科医生的签约服务人数控制在 2000 人左右。有条件的地方开展全科首诊制度并逐步推行。卫生行政部门加强对全科医生执业注册管理和服务质量监管。全科医生按签约服务人数按年收取服务费。服务费由医保基金、基本公共卫生服务经费和签约居民个人分担。可按规定收取非约定的医疗卫生服务费用，也可通过向非签约居民提供门诊服务获得报酬。

二是，开展乡村医生签约服务试点。2013 年卫生部发布的《关于开展乡村医生签约服务试点的指导意见》中规定：以县为单位，在已开展乡村卫生服务一体化管理、实施基本药物制度的村卫生室先行开展乡村医生签约服务试点工作。乡村医生签约服务的内容：①为签约农村居民提供一般常见病、多发病的诊疗服务。②基本公共卫生服务实行乡村医生包户负责制。③重点人群跟踪服务。提供服务的补偿：安排 40% 左右的基本公共卫生服务经费用于乡村医生公共卫生服务补偿；要合理制订一般诊疗费标准和新农合支付标准与办法，新增的门诊统筹资金要有 50% 左右用于村卫生室；对实施基本药物制度的乡村医生，给予专项财政补助。

13.2 基层卫生综合改革的效果

13.2.1 取得的效果

13.2.1.1 基层卫生服务网络得到巩固

截至到 2013 年，全国基层医疗卫生机构数量达到 91.5 万个，占全国医疗卫生机构总数的 93.9%，其中乡镇卫生院 3.7 万个，村卫生室 64.9 万个，社区卫生服务中心 8488 个，社区卫生服务站 2.5 万个，诊所（医务室）18.4 万个。受城镇化进程的影响，社区卫生服务中心数量持续增长，卫生院数量略有减少。与此同时，随着鼓励社会力量办医政策的推进，门诊部、诊所等其他基层医疗机构呈持续增长趋势，发挥了重要的补充作用。

表 13-1　2009—2013 年我国基层医疗卫生机构数（个）变化

年份	社区卫生服务中心	社区卫生服务站	街道卫生院	乡镇卫生院	村卫生室	门诊部	诊所（医务室）	合计
2009	5216	22092	1152	38474	632770	7639	174809	882152
2010	6903	25836	929	37836	648424	8291	173490	901709
2011	7861	24999	667	37295	662894	9218	175069	918003
2012	8182	25380	610	37097	653419	10134	177798	912620
2013	8488	25477	593	37015	648619	11126	184050	915368

续表

年份	社区卫生服务中心	社区卫生服务站	街道卫生院	乡镇卫生院	村卫生室	门诊部	诊所（医务室）	合计
年增速（%）	12.94	3.63	−15.30	−0.96	0.62	9.86	1.30	0.93

数据来源：2010—2014 年中国卫生统计年鉴。

13.2.1.2 基层医药费用得到控制

2013 年，乡镇卫生院和社区卫生服务中心次均门诊费用分别为 52.7 元和 86.5 元，与 2009 年相比增长 3.35% 和 0.74%，低于同期二级医院（6.75%）和三级医院（5.95%）增长率。2013 年，乡镇卫生院次均门诊费用仅为三级医院的五分之一，住院费用为三级医院的九分之一。基层医疗卫生机构在控制医药费用增长方面发挥了重要的作用。

表 13–2　2009—2013 年基层卫生机构与公立医院次均门诊费用和人均住院费用

年份	次均门诊费用（元）				人均住院费用（元）			
	三级医院	二级医院	社区卫生服务中心	乡镇卫生院	三级医院	二级医院	社区卫生服务中心	乡镇卫生院
2009	203.7	128.0	84.0	46.2	9753.0	3973.8	2317.4	897.2
2010	220.2	139.3	82.8	47.5	10442.4	4338.6	2357.6	1004.6
2011	231.8	147.6	81.5	47.5	10935.9	4564.2	2315.1	1051.3
2012	242.1	157.4	84.6	49.2	11186.8	4729.4	2417.9	1140.7
2013	256.7	166.2	86.5	52.7	11722.4	4968.3	2482.7	1267.0
年增速（%）	5.95	6.75	0.74	3.35	4.71	5.74	1.74	9.01

数据来源：2010—2013 年卫生财务年报资料。

13.2.2 行政化管理影响了基层医疗服务发展

新医改对基层医疗机构的改革思路是通过加强行政化管理来扭转医疗服务行为中的利益驱动机制。机构经费主要来源于政府财政投入，机构自身没有决策权和经营、分配权，使得机构没有提供服务的利益驱动，对基层机构医疗服务的提供带来了打击。

13.2.2.1 分配制度不合理导致医务人员工作积极性下降

一是当前收支管理缺乏激励作用。实施“收支两条线”管理模式的基层医疗卫生机构，由于收支核定和结余管理中缺乏必要的激励机制，导致基层医疗卫生机构负责人和职工谋求发展的动机弱化，进而影响机构运行效率。即使实行“核定任务、核定收支、绩效考核补助、结余按规定使用”的机构，也存在因激励机制缺位而影响机构和医务人员积极性。全国大部分地区还是存在绩效工资总量封顶，奖励性绩效工资占比较低，加班费、值班费等福利减少，人员绩效工资差距不大，绩效的激励作用不强等问题，影响了医务人员的工作积极性，造成了骨干人员的流失。

二是绩效考核制度不完善。存在考核方式方法不科学、考核结果应用不充分、内部绩效考核与工作实效和收入关联不够、缺乏第三方参与考核等方面的突出问题。

13.2.2.2 基层医疗服务提供积极性下降

基层医疗机构的收入包括政府投入和医疗、药品、预防保健收费。改革之前医生为了获得收入，有动力提供利润高的医疗服务和药品服务。改革之后，实行药品零差率，医生没有多开药的动力，有助于降低医疗费用。但实施公共卫生均等化服务之后，基层医疗机构可以获得每服务对象 45 元的公共卫生服务收入。相比于医疗服务，公共卫生服务风险小，收入稳定，基层人员更愿意将精力投入到公共卫生服务中去。由于政府核定了基层医疗机构工资绩效发放总量限制，其中奖励性绩效所占的比例低，使得医务人员提供医疗服务干多干少一个样，出现了平均主义大锅饭的趋势。医务人员会更愿意选择提供风险低、难度小的公共卫生服务，而不愿意提供医疗服务。没有通过政府行政化管理基层医疗机构达到“强基层”的目的，反而进一步弱化了医疗服务提供。

13.2.2.3 基层医疗服务人才留不住

新医改中，基层卫生人才受到医院和基层机构两方面的共同影响，使得基层人才流失严重。具体原因有：①医院扩张造成基层人才流失。2009 年以来，尽管基层取得了积极的进展和成效，但总体来看，卫生资源配置向基层倾斜力度不够，基层服务能力尚不能满足群众需求。2009—2013 年，全国卫生技术人员由553.5万增加到721.1万，增长167.6万人，其中医院占73.1%，基层占18.2%；床位由441.6万张增加到618.2万张，新增床位176.6万张，其中医院占82.6%，基层占14.2%。新增卫生资源主要流向医院，客观上造成医院对基层医生和患者“双重虹吸”现象。②基层卫生机构分配激励降低。基层卫生机构的奖励性绩效工资占比较低，加班费、值班费等福利减少，人员绩效工资差距不大，绩效的激励作用不强等，影响了基层高质量医务人才的工作积极性，造成了骨干人员的流失。③社会及职业认同感不强。与公立医院相比，居民对基层医务人员的信任度还不高，基层医务人员工资待遇偏低、进修学习的机会少、职称晋升较难，因而他们对自身的职业认同感也不高，造成了基层人员“引不进、留不住”的现象普遍存在。

有数据表明，基层卫生人才在新医改之后状况并未好转，仍旧十分匮乏：①数量不足，结构不合理。2013年基层医疗卫生机构每千人口卫生技术人员数、每千人口执业（助理）医师数和每千人口注册护士数分别为1.57、0.77和0.42，但是与全国医疗卫生机构的平均配置水平（分别为5.27、2.04和2.04）差距很大，基层卫生人员严重缺乏。[①] ②业务水平不高。全科医生是提供基层医疗卫生服务的主力军，但是目前我国全科医生制度建设推进迟缓。主要是通过岗位培训转成的全科医生，而通过规范化培养的全科医生占比很少，与2020年每万居民配备2—3名合格全科医生的目标相差很远。

13.2.2.4 基本药物目录限制了基层医疗服务的能力

一是基层药品品种与医院用药不衔接。基层医疗卫生机构使用基本药物目录，而公立医院未执行基药制度，同类药品采购渠道、价格和生产厂家与基层用药不同，造成同种疾病用药的差异。各地普遍反映基层医疗卫生机构缺乏部分儿科、妇科、急救及专科特色用药等，慢性病人和康复病人的用药无法与公立医院有效衔接。二是配送不到位。由于一些药品中标价低于成本价，企业利润薄，造成企业停止生产或配送不及时。三是群众对基药质量不信任。部分药品价格过于低廉和药品质量下降，从而引起了医务人员和患者对药品疗效和安全性的担忧。

---

① 2014年中国卫生和计划生育统计提要［M］. 北京：中国协和医科大学出版社，2014：214.

13.3 一些地区逐渐突破行政化管理的限制

13.3.1 开始突破基层机构只能配备基本药物的限制

由于国家基本药物制度实施后，基层卫生机构仅允许配备基本药物目录以内的药品。一些长期在基层卫生机构开药的慢性病患者购买不到以前长期使用的药品，必须要医院去开药，使得基层卫生机构的门诊量反而流向医院，不利于引导居民到基层就诊。针对居民强烈反映的基本药物目录不能满足实际需求的问题，一些地方结合实际补充配备基本药物品种，并实行零差率销售。如镇江句容市经省、市药品管理部门同意，允许基层医疗卫生机构配备特殊专科用药 32 品种。芜湖市社区卫生服务中心设立“便民药箱”，投放药品达 67 个品种，涉及治疗高血压、糖尿病、儿科等常见病治疗药物，方便慢性病患者在家门口就医取药。一些地方设计了其他制度，实质已经突破了基本药物目录的限制。例如，上海市长宁区允许居民在社区卫生服务机构开具“长处方”，居民到社区卫生服务机构慢性病开药，可以根据病人在医院的慢性病处方开具一个月的用药量，而医院不能开超过一周药量的处方。社区卫生服务机构可以向管理部门申请配备“长处方”内超出基本药物目录的药品。

13.3.2 提高奖励性绩效的比例

由于基层综合改革的绩效考核方案对基层人员积极性打击太大，近几年提高奖励性绩效是经常提到的方面，甚至中央文件也有所松动。2013 年，《关于巩固完善基本药物制度和基层运行新机制的意见》（国办发〔2013〕14 号）指出：基层医疗卫生机构在核定的收支结余中可按规定提取职工福利基金、奖励基金。各地结合医务人员工作特点，适当提高奖励性绩效工资比例，合理拉开收入差距，体现多劳多得、优绩优酬。对到艰苦边远地区基层医疗卫生机构服务的医务人员，按规定落实津补贴政策；对在农村地区长期从医、贡献突出的医务人员，按国家规定给予奖励。2015 年，《关于推进分级诊疗制度建设的指导意见》（国办发〔2015〕70 号）再次提出完善基层医疗卫生机构绩效工资分配机制，建立基层签约服务制度，向签约服务的医务人员倾斜。

逐渐主张给予完成工作的基层人员给予更高的奖励，而不再是以往“大锅饭”的思路。

鉴于实施绩效工资存在的一些问题，各地采取了一些创新举措完善绩效工资制度。一是突破工资总额限制。在基层医疗卫生机构有收支结余的情况下，浙江绍兴市实行绩效工资总额上浮 20% ~ 30% 政策，金华市基层医务人员绩效工资最高上浮幅度可达 50%，用于职工奖励。南昌、西宁等地区允许将收支结余的 50% 用于人员福利和奖励。二是调整绩效工资结构。34 个基层卫生综合改革重点联系区（县）中，镇江润州区等 4 个联系点将基础性工资与奖励性工资的比例由 6∶4 调整为 4∶6，成都武侯区等 5 个联系点则由 7∶3 调整为 3∶7。三是探索实行年薪制。福建三明市已经出台相关文件，实行社区卫生服务中心主任和乡镇卫生院院长年薪制。四是完善绩效考核制度。为了配合绩效工资制度，部分地区通过创新绩效考核实践，建立绩效工资分配激励约束机制。杭州下城区等地创造性地实施了“有效工时”“新型工分制”等内部绩效考核新办法。金华按照考核得分高低，对个人发放奖励性绩效工资，考核不合格的个人不得上浮绩效工资。编内与编外人员执行统一的考核和分配方案，尽可能兼顾公平。

13.3.3 探索更灵活的编制和人事制度

有些地区探索了更灵活的编制和人事制度。一是增加基层卫生人员核定编制数。在综合考虑服务人口、地理交通状况等因素的基础上，许多县（市、区）重新核定基层医疗卫生机构编制，增加了编制总量。如北京平谷每万人口基层卫生人员编制达到 29.8 人，绍兴柯桥区为 23.5 人，上海长宁区为 18.7 人。二是创新编制管理。为了缓解基层医务人员编制不足或分配不平衡的问题，各地积极创新编制管理。如芜湖弋江区实施基层医务人员无院籍化管理模式，即由区卫生局实行编制总量控制、统筹安排、集中使用和动态调整。成都武侯区放开基层卫生人员编制数量，由区卫生局根据服务人口和工作量核定人员配置，财政部门依据人员配置数并结合年度工作绩效核定经费预算支出。三是深化人事改革。按照“科学设岗、竞聘上岗、以岗定薪、合同管理”的要求，各地深化人事制度改革。镇江按照管理岗位、专业技术岗位、工勤技能岗位三种类别科学设置岗位，全面实施人员聘用制度，规范合同管理，对乡镇卫生院院长和社区卫生服务中心主任实行任期目标责任制。成都武侯区由定编定岗不定人的全员聘用制转变到全面推行“因事设岗、以岗聘人、绩效考核”的管理方式，初步建立了能上能下、能进能出的竞争性用人机制。

13.3.4 积极推进签约服务和基层首诊

在城市地区各地积极推进家庭医生式服务和全科医生团队服务，主要形式：一是“契约”式服务关系。北京、上海采取契约式服务模式，居民按照自愿原则在所属辖区范围内自主选择家庭医生，通过签约建立稳定的服务关系。为引导居民签约，在延长门诊处方时限、绿色转诊、免费体检、提供预约服务等方面给予有别于非签约居民的对待。二是“定点责任”式服务关系。以全科团队划片分配的方式主动提供服务，如郑州市的“片医”团队服务。三是“医保引导”式服务关系。如东莞、青岛等城市通过基本医保制度设计，选择特定人群开展社区首诊制，引导参保人群与全科团队形成紧密的服务关系。在农村地区，积极推进乡村医生签约服务试点，不断丰富签约服务的内容和形式，探索有偿签约等方式，推动落实基层首诊。

第十四章　对门诊统筹发展的政策建议

通过第五部分的分析，实行普通门诊统筹是门诊保障制度建设的目标模式，但在现阶段由于筹资、医保管理、医疗服务提供等各方面的影响因素，有些地区实施普通门诊统筹的基础条件不成熟，实行大病门诊统筹，随着条件成熟，逐步向普通门诊统筹发展。地区从现有的门诊保障模式向普通门诊统筹发展，需要从医疗保险方和医疗服务提供方建设，才能逐步建立起真正的门诊统筹制度。

14.1 建设门诊统筹制度的建议

从医疗保险制度建设的角度看，医疗保险的筹资、经办能力都是影响制度实施效果的重要因素。通过对调研地区遇到问题及解决方案的分析，医疗保险制度建设中需要克服以下几个问题：

14.1.1 处理个人账户和门诊统筹的关系

门诊统筹制度与个人账户的功能有所重合，医疗保险筹资却有限，新旧两种制度并存，需要注意平衡两种制度之间的关系。在制度此消彼长的变革期，不能出现降低参保人待遇以致于引起参保人反对的情况，会对门诊统筹制度的推行造成障碍。在新增门诊统筹制度后，原有的统筹基金分配额度显然不足以保证门诊的支付额度。有的地区采取了门诊统筹单独筹资的方式，但大部分地区并未有能力新增社会保险缴费比例，需要改变原有筹集资金的分配格局。缩小问题丛生的个人账户所占资金份额，成为建立门诊统筹的工作之一。

个人账户向普通门诊统筹制度过渡，逐步做好几方面的工作：①缩小划入个人账户的资金规模。大部分地区门诊统筹没有单独筹资，降低单位缴费划入个人账户的比例，增加统筹基金的份额，增大互助共济的能力。但降低的幅度不宜过大，降低划入比例仍然能够让个人账户的总收入比上年略有增加。②放宽个人账户的使用范围。对于门诊需求不大的参保人，个人账户多年累积金额较高，反而会促使不合理的医疗消费。释放个人账户的积累，放宽个人账户的使用范围，例如可以支付住院自费部分，允许家庭共享，允许缴纳个人补充保险缴费等，让参保人认识到个人账户资金对自己价值大，而减少参保人不合理医疗消费的冲动。③设计与普通门诊统筹对接的个人账户制度。个人账户和门诊统筹都是保障门诊的制度，两者使用之间应该科学衔接，将个人账户的使用科学设计到门诊统筹中，逐渐过渡到以普通门诊统筹为主的门诊保障。

14.1.2 整合门诊统筹制度

通过第一部分的梳理，可以知道我国门诊保障制度修修补补几次，至今仍旧存在个人账户、普通门诊保障或大病门诊保障、大病病种保障几种模式。处理个人账户和门诊统筹的关系后，各种门诊统筹制度也需要逐步统一。

有的地区建立大病门诊统筹，用完个人账户当年资金之后，再自费一定金额，进入大病门诊统筹，这种模式可以将门诊统筹和个人账户衔接，但这种形式的缺陷在于，只是顺着个人账户的保障思路，给予个人账户资金不足的参保人进一步的保障，不能改变医疗市场和医疗资源配置的现状，只有实行普通门诊统筹才能真正向“守门人”制度转换。此外，居民医保的保障水平低，这种保障模式待遇远高于居民医保，造成不同人群之间的不公平。从长期来看，大病门诊统筹容易进一步拉开不同级别医院、不同社会保险险种的门诊保障差距，造成社会不公平。因此，从整个社会保险门诊统筹的长期发展看，实行普通门诊统筹应该是城职保门诊保障的趋势。

门诊统筹制度的整合应该逐步随着经济、社会和基层医疗机构服务能力的进步而变化。在很多统筹地区已经做到逐步减少划入个人账户的比重，实行门诊统筹制度 ，同时逐渐限制大病门诊统筹的就诊地点，加强管理。按照大部分城市的经验，最初大病统筹不限制就诊机构会面临较小的阻力，给门诊报销设立封顶线，确保基金运行安全。今后，需要逐渐限制参保人大病统筹的就诊地点，特别是慢性病人、诊断明确需要长期治疗的病人，后续的长期开药和慢性病管理应该要求逐渐向基层机构下移，让参保人习惯按照保障制度的要求选择就诊机构。与此同时，城乡居民医保的门诊统筹，主要实施的是社区普通门诊统筹的形式，如果能促进基层医疗机构的服务能力，可以为将来在城职保推广基层签约的普通门诊统筹打下服务基础。在一段对参保人就医逐步加强限制和管理之后，逐步都调整为要求基层签约首诊的普通门诊统筹，参保人有序就医，不设封顶线或设置很高的封顶线。慢性病、特殊病门诊保障也逐步整合到普通门诊统筹保障，不再以病种设置特殊的诊治标准和报销待遇。

14.1.3 逐步扩大门诊统筹的费用保障范围

目前的门诊统筹制度不完善，与门诊保障范围窄有关。门诊大病仅保障选择的大病病种，大病门诊统筹起付标准高。在向普通门诊统筹转化时，需要首先考虑扩大门诊统筹的保障范围。大病门诊统筹和门诊大病功能有所重合，将来的发展趋势是逐渐以费用为大病标准的大病门诊统筹替代门诊大病病种保障，对门诊费用高额的参保者不再区分病种，都给予同样的保障待遇。随着医保筹资能力增加，个人账户缩减，统筹基金的支付能力会不断提高，不断降低大病门诊统筹的起付标准，逐渐达到低起付线或无起付线。

在降低门诊统筹费用起付标准的同时，还需要明确门诊统筹可支付的医疗服务范围。目前大部分地方门诊统筹执行的是职工医保的大目录。但制定门诊统筹目录有利于服务管理，据调查，青岛市已制定了门诊统筹小目录。为了规范门诊医疗服务、控制门诊费用增长，各地应该逐步开展建立专门的门诊统筹小目录的工作，在全部实行了基层首诊的普通门诊统筹之后，可以通过基层医疗机构和医生的主动参与管理来控制费用。

14.1.4 逐步严格就医管理和费用支付

普通门诊统筹对医保管理提出了较高的要求，需要医保方严格患者就医行为管理和供方的服务管理，分别通过就医管理和费用制度来完成。从发展方向看，普通门诊统筹需要实行门诊基层定点就医管理，结合按人头付费，利于控制门诊费用和基金支付风险。但受制于各地的现实状况，这种门诊统筹就医管理的模式不可能普遍实现。

由于很多地区基层医疗服务太弱，参保人对基层服务不信任，目前不具备强制基层首诊的条件。医疗保险仍然需要通过制度设计引导参保人下沉到基层，待遇差别是常用手段。对基层医疗机构就诊给予更优惠的待遇支付，例如设置较低的起付标准，拉大基层医疗机构医保支付比例与医院支付比例的差距，通过增加基层就诊的待遇水平引导患者下沉到基层。配合基层机构逐步推行家庭医生签约服务制，让参保人习惯找基层医生就诊。随着基层服务能力提高，逐步实现普通门诊统筹的基层首诊。

在对医疗机构的支付方式上，目前没法做到基层定点首诊。①可以支持家庭医生签约服务制度，为部分开展人头付费提供了基础，医保可以给予支持，推动基层首诊。以上海为例，虽然实行大病门诊统筹，但上海的社区服务能力强，医保同样支付家庭医生每签约参保人每年 120 元的人头付费，支持了社区家庭医生的发展，同时为医保基金节约了资金。②在一些社区基础差的地方，更需要管理医院的门诊费用，对医院统筹支付实行总额控制。如杭州市职工门诊统筹实行自由就医，但通过给医院逐年减少门诊总额支付，迫使医院主动将门诊患者向社区分流。总之，摒弃以往的按项目支付，改变支付方式，降低医院接待门诊的积极性，扶持基层医疗服务。

14.2 建设与门诊统筹相适应的基层医疗的建议

14.2.1 放开基层医疗服务市场，纳入民营机构政府监管

医保按人头付费是市场化的思路，由医保机构代表需求方购买服务，供方竞争越充分对需方越有利。从需方的角度来说，可以接受任何所有制形式的提供主体，谁的服务质量越高更愿意选择谁。民营机构运行机制灵活，对医保支付方式的转变、适应速度快，从青岛的实践中明显看出，医保实行签约付费给予民营机构的刺激与激励作用大于政府办机构，民营机构也主动采取了行动吸引参保人签约，客观上促成了市场竞争的实现，有利于医保按人头付费的推广。

而政府办医疗机构在实行基层综合改革后，走的是政府办的道路，推行的收支两条线制度，刻意分离机构提供的服务收入和人员收入之间的联系，

人为阻碍了市场信息传导到机构甚至医务人员，市场变化无法影响医务人员的服务行为。假如实行按人头付费的支付方式，医疗保险方式希望通过这种购买方式转变供方的医疗行为，但医保补偿收归国库，不对医务人员的待遇产生激励或影响，制度实施就没有意义。因此，缺乏竞争和激励反而会扩大按人头付费的劣势，导致包干付费之后，医务人员更倾向于减少服务量。

目前改变以往政府办基层的思路，逐渐加强基层服务市场的竞争性，为将来制度实施打下基础。政府公平给予民营机构和政府办机构平等的机会，认识到民营基层医疗机构在遵守政府规定价格前提下，遵循诊疗护理规范，常规提供了基本医疗服务，即使其获利，也完全是合法所得。利用现在营利性机构迫切希望加入基层医疗服务竞争的机会，善于利用市场机制，引导他们加入，并加强监管。财政也可以对民营机构补贴，帮助他们提升条件。政府补贴给民营机构，如添置的设备，其所有权仍然属于国家，并可以对其提出有条件的补贴，必须实行国家规定的医疗服务价格、药品使用，按照规范的质量要求提供等。国家给予民营机构事实上的平等，引入竞争，才能促进政府办机构有危机意识，自身产生发展、竞争的动力。

政府不再直接办医疗机构，其职能转变到监管医疗机构。克服人头付费减少服务量的弊端除了加强竞争之外，还需要由卫生行政主体、医疗保险机构、社会等多种途径加强对医疗服务质量的监管，必须是有质量的竞争。这种监管是超脱于任何机构利益之上的监管，监管主体与服务主体之间没有任何的隶属或利益关系。多元主体采取对机构的诊疗、护理、用药规范，慢性病控制、健康管理方面进行监管。

14.2.2 增加政府办基层医疗机构的自主性

从国际经验看，世界上成功的基层医疗模式大多数为民办医疗模式。[①]英国是实施全民医疗服务的国家，主要计划配置资源，即便如此，英国仍旧是有民办医疗机构或全科医生诊所承担着初级卫生保健的工作，扮演者NHS“守门人”的角色。从这些国家得到的启示是，基层医疗机构不是依赖

① 朱恒鹏．基层医改逻辑新梳理［J］．中国医院院长，2012，（7）．

政府投资、政府包办就能发展起来的，基层医疗机构的发展要靠自身发展的动力，让机构自主发挥能动性，即便是有收入的激励，只要是按照规范提供服务，应该是允许，而且鼓励的。

基层的发展应该转到以医保购买服务为核心的市场竞争发展环境中去。只有让基层医疗机构转变为多元治理下的独立法人，拥有管理自主权和收支结余支配权，辅以竞争机制和监管机制，政府的购买行为给予的奖励才能与机构的优秀表现挂钩，激励机构继续提供优质服务。消除了政府办机构的垄断地位，并不再依靠政府补贴，主要依靠服务竞争获得发展，获得优质服务的奖励，才能构建真正的有竞争的首诊制度。

14.2.3 改变对基层用药的限制

前面多次谈到了实施基本药物制度对基层医疗服务提供的制约。在现阶段，我国居民没有接受规范化用药的观念，占垄断地位的大医院用药级别高的问题没有解决，确实不宜在基层医疗机构突然实行基本药物制度。目前尽管有些地方通过增加地方目录、采取慢性病长处方、申请采办目录外药品、使用单独的门诊统筹目录等方法在不断突破基本药物制度。但作为国家政策的强制性，颁发政策的机构不改变政策设计，对地方、基层医疗机构的束缚力会一直存在，人为增加了地方工作的难度。

在基本政策改变之前，应该允许地方政府做一些灵活处理。例如探索基本药物与当地不同类型医保用药目录的整合与衔接机制，统一基层医疗卫生机构与公立医院药品招标采购平台。或者是允许基层医疗卫生机构在执行药品集中招标采购、统一配送、零差率销售的前提下，根据居民需求及其服务能力，使用医保目录范围内药物，保障基层医疗卫生机构与上级医院的有效衔接，促进基层首诊、双向转诊制度的建立。

给基层机构逐渐松绑基本药物制度不意味着无限制松绑。实行门诊统筹要充分认识门诊服务和住院服务的差别。我们以往的职工医保主要保障门诊费用，制定的药品目录主要针对住院服务。未来基层使用的门诊统筹药品目录还需要区别于住院。选择一些临床必需、相比于同类价格合理的药品组成门诊统筹药品目录，细化对纳入支付范围的药品和诊疗项目使用的规定。门诊疾病种类复杂，对于普通门诊用药无法满足的特殊病种和慢性病，可以分别制定单独的药品目录和支付办法。

14.2.4 加强机构的信息化建设

门诊服务发生的频次高，门诊就诊是否适合不易判断，门诊的诊治方式是否规范不易确定，这些向我们体现出门诊统筹的服务管理困难。从整个制度的运行看，特别与基层机构签约管理，必须完善基层医疗服务的信息系统。①覆盖基层医疗服务机构的信息系统。数据是医保管理的支撑。在制定科学、统一的信息标准基础上，在基层医疗卫生服务网点，特别是农村基层服务网点安装网络信息系统，能够实现医疗保险费用的实施传输，开发数据分析和支持决策，为实现转诊管理、网络化管理、信息监控和即时结算提供基础。②建立从业医生数据库，对医生资源进行信息管理。医保购买为核心的服务竞争市场，医保机构需要对供方信息全面管理。将来能够通过信息系统掌握基层医生的情况，并能给与奖惩，实行有竞争性的定点医生准入和退出制度。在签约服务发展普遍之后，还能从信息库中调取信息，根据参保人的分布、年龄结构等，对基层医生资源进行配置规划。③完善医疗行为监测。完善监测评价的指标体系，以结果为导向科学设计评价指标，注重监控医务人员行为变化、提高公平性、居民健康状况改善和居民满意度。医保机构建立常规性的监测制度，掌握基层医疗机构服务提供情况，并及时发现问题，及时处理。

参考文献

[1] 王宗凡. 门诊大病与门诊统筹：两种门诊大病保障方式的比较［J］. 社会保障研究，2009（5）.

[2] 王宗凡. 门诊保障：从个人账户到门诊统筹［M］. 北京：中国劳动社会保障出版社，2012.

[3] 熊先军，李静湖，吴静，王丽莉，马勇. 城镇居民基本医疗保险门诊统筹支付政策研究［J］. 中国医疗保险，2012（10）：34—37.

[4] 王宗凡. 城镇居民医保门诊统筹难题分析［J］. 中国医疗保险，2012（10）：18—21.

[5] 林枫. 门诊也该“统筹”［J］. 中国社会保障，2008（7）：73.

[6] 杨辉. 城镇职工基本医疗保险门诊统筹政策的分析与建议［J］. 理论建设，2015（1）：101—108.

[7] 陈欢，韩亮. 城镇职工基本医疗门诊统筹试点方案评析［J］. 上海保险.2011（9）：26—28.

[8] 程乐华. 从“险”的视角看门诊统筹［J］. 中国医疗保险，2010（10）：22—25.

[9] 冯毅，姚岚. 典型发达国家和地区门诊保障政策比较及经验启示［J］. 中国卫生政策研究 2016（7）：46—50.

[10] 张亚林，潘康涛，刘键斌，梁倩君. 东莞分级诊疗注重保基本强基层［J］. 中国医疗保险，2015（10）：51—53.

[11] 仇雨临，梅丽萍. 国外门诊医疗保障保什么［J］. 中国医疗保险，2013（2）：67—70.

[12] 胡杨. 基药制度下的门诊统筹［J］. 中国社会保障，2012（7）：72—74.

[13] 王敏，张开金，姜丽，邱晓艳，齐忆虹. 门诊统筹模式的建立与思考［J］. 中国全科医学，2009，12（7）：28—31.

[14] 梁鸿，贺小林. 社区卫生服务门诊统筹政策的比较分析［J］. 中国卫生政策研究，2011（4）：9—15.

[15] 贺小林，梁鸿. 社区卫生服务门诊统筹政策的成效与经验［J］. 中国卫生政策研究，2011（4）：16—21.

[16] 曾益. 我国城镇职工基本医疗保险个人账户公平性研究［J］. 上海财经大学学报，2012（1）：77—84.

[17] 林坚. 医保慢性病门诊保障研究综述［J］. 中国医疗保险，2015（1）：40—43.

[18] 冯毅. 我国门诊统筹按人头付费实施现状及改革路径 [J]. 卫生经济研究，2016 (4)：45—47.

[19] 赵云，许世华. 财政养医体制下基层医疗卫生机构绩效管理制度的转型 [J].《中国卫生事业管理》，2014 (7)：484—486.

[20] 吴奇飞，马丽平. 浅论私立基层医疗机构发展与监管中的若干问题 [J].《中国医院管理》，2007 (12)：28—30.

[21] 林坚. 医保慢性病门诊保障研究综述 [J]. 中国医疗保险，2015 (9)：40—43.

[22] 黄新，张开金，包思敏，等. 部分国家慢性病医疗保障政策分析及对我国的启示 [J]. 中国卫生政策研究，2011，4 (003)：23—27.

[23] 邢念莉，陈文，刘稳，等. 天津市糖尿病门诊特定病种患者按人头付费的效果评价 [J]. 中国卫生资源，2018，021 (005)：423—427.

[24] 冯毅. 基本医疗保险门诊统筹模式研究 [D]. 华中科技大学，2014.

[25] 于环. 世界各地门诊保障的不同做法和经验 [J]. 卫生经济研究，2009 (3)：49—51.

[26] 赵斌，马勇. 基层普通门诊统筹支付方式的国际经验借鉴 [J]. 中国医疗保险，2017 (11)：24—29.

[27] 裴丽昆，刘朝杰，David Legge. 全民医疗保障制度的挑战 [M]. 人民卫生出版社，2009.

[28] Tsiachristas A，Hipple-Walters B，Lemmens K M M，et al.Towards integrated care for chronic conditions：Dutch policy developments to overcome the (financial) barriers [J]. Health Policy，2011，101 (2)：122—132.

[29] Gordon R，Eagar K，Currow D，et al.Current funding and financing issues in the Australian hospice and palliative care sector [J].Journal of Pain & Symptom Management，2009，38 (1)：68—74.

附录　我国社会医疗保险门诊统筹重要文件

国务院办公厅关于建立健全职工基本医疗保险门诊共济保障机制的指导意见

国办发〔2021〕14号

各省、自治区、直辖市人民政府，国务院各部委、各直属机构：

为进一步健全互助共济、责任共担的职工基本医疗保险（以下简称职工医保）制度，更好解决职工医保参保人员门诊保障问题，切实减轻其医疗费用负担，按照党中央、国务院关于深化医疗保障制度改革任务部署，经国务院同意，现就建立健全职工医保门诊共济保障机制提出如下意见。

一、总体要求

（一）指导思想。以习近平新时代中国特色社会主义思想为指导，全面贯彻党的十九大和十九届二中、三中、四中、五中全会精神，既尽力而为、又量力而行，坚持人人尽责、人人享有，完善制度、引导预期，加快医疗保障重点领域和关键环节改革，将门诊费用纳入职工医保统筹基金支付范围，改革职工医保个人账户，建立健全门诊共济保障机制，提高医保基金使用效率，逐步减轻参保人员医疗费用负担，实现制度更加公平更可持续。

（二）基本原则。坚持保障基本，实行统筹共济，切实维护参保人员权益。坚持平稳过渡，保持政策连续性，确保改革前后待遇顺畅衔接。坚持协同联动，完善门诊保障机制和改进个人账户制度同步推进、逐步转换。坚持因地制宜，在整体设计基础上，鼓励地方从实际出发，积极探索增强职工医保门诊保障的有效途径。

二、主要措施

（三）增强门诊共济保障功能。建立完善职工医保普通门诊费用统筹保障机制，在做好高血压、糖尿病等群众负担较重的门诊慢性病、特殊疾病（以下统称门诊慢特病）医疗保障工作的基础上，逐步将多发病、常见病的普通门诊费用纳入统筹基金支付范围。普通门诊统筹覆盖职工医保全体参保人员，政策范围内支付比例从50%起步，随着医保基金承受能力增强逐步提高保障水平，待遇支付可适当向退休人员倾斜。针对门诊医疗服务特点，科学测算起付标准和最高支付限额，并做好与住院费用支付政策的衔接。同步完善城乡居民基本医疗保险门诊统筹，并逐步提高保障水平。

根据医保基金承受能力，逐步扩大由统筹基金支付的门诊慢特病病种范围，将部分治疗周期长、对健康损害大、费用负担重的疾病门诊费用纳入共济保障，对部分适合在门诊开展、比住院更经济方便的特殊治疗，可参照住院待遇进行管理。不断健全门诊共济保障机制，逐步由病种保障向费用保障过渡。将符合条件的定点零售药店提供的用药保障服务纳入门诊保障范围，支持外配处方在定点零售药店结算和配药，充分发挥定点零售药店便民、可及的作用。探索将符合条件的“互联网+”医疗服务纳入保障范围。

（四）改进个人账户计入办法。科学合理确定个人账户计入办法和计入水平，在职职工个人账户由个人缴纳的基本医疗保险费计入，计入标准原则上控制在本人参保缴费基数的2%，单位缴纳的基本医疗保险费全部计入统筹基金；退休人员个人账户原则上由统筹基金按定额划入，划入额度逐步调整到统筹地区根据本意见实施改革当年基本养老金平均水平的2%左右。个人账户的具体划入比例或标准，由省级医保部门会同财政部门按照以上原则，指导统筹地区结合本地实际研究确定。调整统筹基金和个人账户结构后，增加的统筹基金主要用于门诊共济保障，提高参保人员门诊待遇。

（五）规范个人账户使用范围。个人账户主要用于支付参保人员在定点医疗机构或定点零售药店发生的政策范围内自付费用。可以用于支付参保人员本人及其配偶、父母、子女在定点医疗机构就医发生的由个人负担的医疗费用，以及在定点零售药店购买药品、医疗器械、医用耗材发生的由个人负担的费用。探索个人账户用于配偶、父母、子女参加城乡居民基本医疗保险等的个人缴费。个人账户不得用于公共卫生费用、体育健身或养生保健消费等不属于基本医疗保险保障范围的支出。健全完善个人账户使用管理办法，做好收支信息统计。

（六）加强监督管理。完善管理服务措施，创新制度运行机制，引导医疗资源合理利用，确保医保基金稳定运行，充分发挥保障功能。严格执行医保基金预算管理制度，加强基金稽核制度和内控制度建设。建立对个人账户全流程动态管理机制，加强对个人账户使用、结算等环节的审核。强化对医疗行为和医疗费用的监管，严肃查处"挂床"住院、诱导住院等违法违规行为。建立医保基金安全防控机制，严厉打击欺诈骗保行为，确保基金安全高效、合理使用。创新门诊就医服务管理办法，健全医疗服务监控、分析和考核体系，引导定点医疗机构规范提供诊疗服务。加快全国统一的医疗保障信息平台建设，推进门诊费用异地就医直接结算。通过协同推动基层医疗服务体系建设、完善家庭医生签约服务、规范长期处方管理等，引导参保人员在基层就医首诊。结合完善门诊慢特病管理措施，规范基层定点医疗机构诊疗及转诊等行为。

（七）完善与门诊共济保障相适应的付费机制。对基层医疗服务可按人头付费，积极探索将按人头付费与慢性病管理相结合；对日间手术及符合条件的门诊特殊病种，推行按病种或按疾病诊断相关分组付费；对不宜打包付费的门诊费用，可按项目付费。科学合理确定医保药品支付标准，引导医疗机构和患者主动使用疗效确切、价格合理的药品。

三、组织实施

（八）加强组织领导。建立健全职工医保门诊共济保障机制是深化医疗保障制度改革的重要内容，涉及广大参保人员切身利益，政策性和技术性强。各省级人民政府要高度重视，切实加强领导，建立协调机制，抓好工作落实。国家医保局、财政部要会同相关部门加强对各地的工作指导，上下联动，形成合力。

（九）积极稳妥推进。各省级人民政府要按照本意见要求，统筹安排，科学决策，在 2021 年 12 月底前出台实施办法，指导各统筹地区推进落实，可设置 3 年左右的过渡期，逐步实现改革目标。各统筹地区要结合本地实际，进一步明确和细化政策规定，妥善处理好改革前后的政策衔接，确保参保人员待遇平稳过渡，已经开展相关工作的要进一步规范政策标准，尚未开展相关工作的要积极稳妥启动实施。

（十）注重宣传引导。要创新宣传方式，丰富宣传手段，广泛开展宣传，准确解读政策。充分宣传建立健全职工医保门诊共济保障机制对减轻参保人员医疗费用负担、促进制度更加公平更可持续的重要作用，大力宣传医疗保险共建共享、互助共济的重要意义。要建立舆情监测和处置机制，积极主动回应社会关切，营造良好舆论氛围。

国务院办公厅

2021 年 4 月 13 日

人力资源和社会保障部关于普遍开展城镇居民基本医疗保险门诊统筹有关问题的意见

人社部发〔2011〕59号

各省、自治区、直辖市人力资源社会保障厅（局），新疆生产建设兵团劳动保障局：

近年来，部分地区积极开展城镇居民基本医疗保险（以下简称居民医保）门诊统筹工作，减轻了居民门诊医疗费用负担，增强了制度保障能力，受到群众广泛欢迎。按照国务院办公厅医药卫生体制五项重点改革2011年主要安排的要求，今年要普遍开展居民医保门诊统筹工作。现就有关问题提出以下意见：

一、充分认识门诊统筹的重要意义

普遍开展居民医保门诊统筹是提高医疗保障水平的重要举措，有利于拓宽保障功能，减轻群众门诊医疗费用负担；是完善医疗保险管理机制的重要内容，有利于整体调控卫生资源，提高保障绩效；是落实"保基本、强基层、建机制"要求的重要抓手，有利于支持基层医疗机构建设，促进基本药物制度实施，推动医药卫生体制各项改革协调发展。

开展门诊统筹要坚持以下原则：坚持基本保障，重点保障群众负担较重的门诊多发病、慢性病，避免变成福利补偿；坚持社会共济，实现基金调剂使用和待遇公平；坚持依托基层医疗卫生资源，严格控制医疗服务成本，提高基金使用效率。

各地要统一思想，落实责任，加强组织实施，确保完成今年普遍开展门诊统筹的工作任务。要按照《关于开展城镇居民基本医疗保险门诊统筹的指导意见》（人社部发〔2009〕66号）的要求，加强管理，创新机制，努力提高门诊统筹保障绩效。要充分发挥医疗保险在医药卫生体制改革中的重要作用，着眼于调结构、建机制，降低医疗服务成本，优化卫生资源配置。

二、合理确定保障范围和支付政策

门诊统筹所需资金由居民医保基金解决。各地要综合考虑居民医疗需求、费用水平、卫生资源分布等情况，认真测算、合理安排门诊和住院资金。2011 年新增财政补助资金，在保证提高住院医疗待遇的基础上，重点用于开展门诊统筹。

门诊统筹立足保障参保人员基本医疗需求，主要支付在基层医疗卫生机构发生的符合规定的门诊医疗费用，重点保障群众负担较重的多发病、慢性病。困难地区可以从纳入统筹基金支付范围的门诊大病起步逐步拓展门诊保障范围。

合理确定门诊统筹支付比例、起付标准（额）和最高支付限额。对在基层医疗卫生机构发生的符合规定的医疗费用，支付比例原则上不低于 50%；累计门诊医疗费较高的部分，可以适当提高支付比例。对于在非基层医疗机构发生的门诊医疗费用，未经基层医疗机构转诊的原则上不支付。根据门诊诊疗和药品使用特点，探索分别制定诊疗项目和药品的支付办法。针对门诊发生频率较高的特点，可以采取每次就诊定额自付的办法确定门诊统筹起付额。要根据基金承受能力，综合考虑当地次均门诊费用、居民就诊次数、住院率等因素，合理确定门诊统筹最高支付限额，并随着基金承受能力的增强逐步提高。要结合完善就医机制，统筹考虑门诊、住院支付政策，做好相互之间的衔接，提高基金使用效率。

对恶性肿瘤门诊放化疗、尿毒症透析、器官移植术后抗排异治疗、糖尿病患者胰岛素治疗、重性精神病人药物维持治疗等特殊治疗，以及在门诊开展比住院更经济方便的部分手术，要采取措施鼓励患者在门诊就医。各地可以针对这些特殊治疗和手术的特点，单独确定定点医疗机构（不限于基层医疗机构），并参照住院制定相应的管理和支付办法，减轻他们的医疗费用负担。

三、完善医疗服务管理措施

根据门诊保障需要，建立健全适合门诊特点的医疗服务管理和考核体系，加强对门诊就诊率、转诊率、次均费用、费用结构等的考核，规范基层定点医疗机构医疗服务行为。做好与基层医疗服务体系建设、基本药物制度、全科医生制度等其他改革的衔接，做到相互促进。

居民医保门诊统筹执行基本医疗保险药品目录，在定点基层医疗机构保证《国家基本医疗保险药品目录》甲类药品（包括基本药物）的使用。对定点基层医疗机构医保甲类药品的配备和使用要提出明确要求，并纳入定点基层医疗机构考核体系。对部分患者门诊基本医疗必需的乙类药品，有条件的地区可以研究探索制订基层医疗机构医生处方外购药品的支付和管理办法。严格执行政府办基层医疗机构基本药物零差率销售政策，降低药品使用成本。

将一般诊疗费全额纳入医疗保险支付范围，按规定比例予以支付。建立健全门诊统筹诊疗服务规范和监管措施，加强对定点基层医疗机构服务行为监管，合理控制诊疗服务数量和费用，避免分解就诊、重复收费等不规范诊疗行为的发生。

四、创新就医管理和付费机制

创新门诊统筹就医管理和付费机制，管理重点逐步由费用控制向成本控制转变，降低服务成本，提高保障绩效。要充分利用基层医疗机构，引导群众基层就医，促进分级医疗体系形成。发挥医疗保险对卫生资源的调控作用，合理使用门诊和住院资源，降低住院率，从总体上控制医疗费用。

积极探索基层首诊和双向转诊就医管理机制。确定首诊基层医疗机构要综合考虑医疗机构服务能力、参保居民意愿、是否与上级医院建立协作关系等因素，一般一年一定，参保人只能选择一家。积极探索双向转诊，明确首诊、转诊医疗机构责任，逐步建立风险控制和费用分担机制。规范基层医疗机构上转病人，促进医院下转病人，推动形成分工合理的就医格局。

充分发挥医疗保险团购优势，通过谈判，控制医疗服务成本，减轻患者费用负担。各统筹地区要研究制定门诊统筹团购办法，明确规则、内容、流程等，在人头服务、慢病管理、常用药品、常规诊疗项目等方面探索团购工作。在实施总额预算管理的基础上，探索实行按人头付费等付费方式，建立风险共担的机制，促进医疗机构和医生主动控制费用。要根据不同付费方式的特点，明确监管重点，提高医疗质量，保障参保居民基本医疗权益。

五、加强经办管理

加强居民医保基金预算管理，统筹安排门诊和住院资金，提高基金使用效率。在统一进行预算管理的基础上，对门诊和住院医疗费用支出单独列账、分开统计。完善门诊和住院费用支出监测指标体系，建立动态分析制度。

完善门诊统筹协议管理。随着门诊统筹付费机制的完善，充实细化协议内容，将门诊统筹政策要求、管理措施、服务质量、考核办法、奖惩机制等落实到定点协议中，通过协议强化医疗服务监管。定期公布定点医疗机构医疗服务费用、质量、群众满意度等情况，充分发挥社会监督作用。加大考核力度，将考核结果与费用结算、奖励处罚挂钩。

加强信息系统建设。各统筹地区要加快发行社会保障卡，尽快将网络延伸到全部定点基层医疗机构和街道（乡镇）、社区（村）服务网点，利用信息化手段强化运行监控，方便即时结算。提高医疗保险信息系统建设部署层级，数据至少集中到地市一级。对定点医疗机构信息系统与医保信息系统的衔接提出明确要求，定点医疗机构向医保机构传输就诊结算信息，逐步由定时回传提高到实时回传，内容应包括个人就诊基本信息和各项医疗服务的汇总及明细信息（含自费项目）。

六、积极稳妥开展门诊统筹工作

各省（区、市）人力资源社会保障厅（局）要高度重视门诊统筹工作，研究制定具体落实措施和工作方案，加强对各统筹地区的工作指导和政策协调。尚未开展居民医保门诊统筹的地区，要抓紧出台相关政策，尽快启动实施；已开展居民医保门诊统筹的地区，要根据本通知要求进一步完善政策、加强管理。门诊统筹重点联系城市要做好重点专题探索工作，破解重点难点问题，实现体制机制创新。有条件的地区可以调整职工医保个人账户使用办法，探索职工门诊保障统筹共济办法。

门诊统筹工作政策性强、涉及面广，各级人力资源社会保障部门要主动加强与发展改革、财政、卫生、民政等部门的沟通协调，促进医改各项工作协同推进。各省（区、市）要充分发挥重点联系城市的作用，及时推广好的经验做法，形成上下互动的合力。

各地在推进居民医保门诊统筹过程中，遇有新情况、新问题请及时向我部报告。

二〇一一年五月二十四日

后 记

我国社会医疗保险制度经过二十多年的发展，制度扩面的阶段性工作已经完成，制度需要通过调整基金的使用结构、加强基金的精细化管理向纵深发展，更好地实现医保的政策目标。在保障内容方面，从最初主要关注重病大病的保障、重点关注住院医疗费用，不断提高住院保障的水平，认识到我国以往对门诊保障的不足导致了一定的不公平，以及门诊保障对整体医疗保障功能实现的影响，各地先后在城乡居民医保和城镇职工医保开展了实践和探索。门诊保障曾经主要以纵向平衡的个人（家庭）账户形式为主，强调个人的责任，但我国的社会医疗保险越来越重视公平性的实现，不具有社会共济性的个人（家庭）账户显示出明显的制度局限性。经过多年的制度完善，具有互助共济功能的统筹基金开始保障门诊服务，对医疗费用负担重的重大慢性病提供保障，统筹地区已经普遍建立了按病种的门诊大病统筹基金支付。但是覆盖所有参保人的普通门诊统筹还只是在医保经办水平较高的城市认真开展，很多即便设置了城乡居民医保门诊统筹制度的地区也只是在国家政策的要求下，实施了保障水平较低的门诊统筹，由于其水平低保障效果并不突出。整体来说，门诊统筹、特别是城镇职工医保的门诊统筹还在探索中。

门诊保障在各地的医保工作中越来越得到重视。2020 年，很多地区提高了门诊保障的待遇水平，例如贵州省把患高血压、糖尿病“两病”参保人员门诊用药费用纳入统筹基金支付，最高报销比例可达 70%。还有些省份直接把慢病范围扩大。比如，安徽统一了全省城乡居民医保待遇，扩大门诊大病的病种范围，从原来的 20 余种扩大到整合之后的 47 种。从这些提高门诊保障待遇的发展趋势可以看出，各地医保经办机构基本形成了共识，我国的社会医疗保险是为了实现风险共担、互助共济的作用，门诊保障未来重点在统筹基金对门诊的保障制度方面做文章。这也是本书一直主张的将来以实行门诊统筹的形式为主，处理好现收现付制的门诊统筹和积累制的个人账户之间的关系。

在本书即将付梓印刷之际，2021 年 4 月 13 日，国务院办公厅发布了《国务院办公厅关于建立健全职工基本医疗保险门诊共济保障机制的指导意见》，其中提出了三项核心举措：建立门诊共济保障机制、改革职工医保个人账户、发挥改革系统集成的效能，无疑让这个文件备受重视。这个重磅文件，对城镇职工基本医疗保险建立之初的“统账结合”原则作出了调整。①增强门诊共济保障能力的途径是建立普通门诊医疗费用统筹保障机制，逐步将门诊里常见病、多发病纳入医保统筹基金报销，将费用高、治疗周期长的疾病门诊费用也逐步纳入门诊保障范围。在门诊看，但是按照住院的政策管理②改革职工医保个人账户。一是改革计入办法，在职职工个人缴费部分计入本人个人账户，退休人员的个人账户由统筹基金按定额划入。二是适当拓宽使用范围，允许家庭成员相互共济使用个人账户。三是健全完善个人账户的使用管理办法，不得将个人账户用于健身、公共卫生等费用，同事眼里打击起诈骗保，维护基金安全。③发挥改革系统集成的效能，表现为推进三个方面的改革：一是支持基层医疗服务体系建设，优化资源配置；二是促进基层医疗，优化常见病、慢性病的诊疗服务，加强慢性病管理，促进健康管理；三是发挥医保支付引领作用，推动三医联动，协同完善家庭医生签约服务，医院处方外配，整体提升保障效能。这个文件明确了一直困扰门诊统筹的一个根本问题，即在已有个人账户的情况下，普通门诊统筹是否必要。文件给出了肯定答案，普通门诊统筹一定要做，而且是未来门诊保障的主要形式。

本书提出的观点及书中的研究内容与国家文件的导向极为契合，强调门诊统筹是体现互助共济的最佳方式，目前我国的门诊统筹还只在起步阶段，书中对典型地区的调研和分析总结对未来其他地区推行门诊统筹相当有意义。文件中强调的个人账户与门诊统筹的关系问题在调研中已经突出反映出来，对文件中要求的基金监管和创新对供方的支付方式也是典型地区调研的重点内容。书中的内容对我国其他地区的医保部门再推进门诊统筹工作能有较多的启发和帮助。